LES ATELIERS DE RETOUCHE LIGHTROOM

Serge Ramelli

PEARSON

Publié par Pearson France
Terra Nova II
74, rue de Lagny
93100 MONTREUIL
Tél. : 01 43 62 31 00
www.pearson.fr

Mise en pages : Véronique Imbault

ISBN : 978-2-7440-9539-9

Sommaire

CHAPITRE 8

Le noir et blanc partiel 155

CHAPITRE 9

Retouche de portrait 171

Préface

Je tiens à remercier les éditions Pearson qui me font confiance pour la rédaction de cet ouvrage.

Mon aventure photographique a commencé en 2005 alors que j'étais en vacances avec un de mes meilleurs amis, Kelvin Pimont, que je remercie d'être l'ami qu'il a toujours été pour moi.

Kelvin m'a fait une démonstration sur Photoshop et a transformé une image de vacances quelconque en une photo d'une intensité incroyable.

J'ai compris à ce moment-là qu'une grande part de l'impact d'une image provient de son traitement. Par la suite, j'ai découvert le travail du photographe Jean-Michel Berts, qui est devenu mon ami. Jean-Michel fait des photos de ville en noir et blanc, avec des cadrages et un traitement exceptionnels. Il m'est arrivé de rester longtemps à admirer ses photos, tellement elles dégageaient d'émotions.

Rempli de toute cette inspiration, j'ai décidé de changer de vie : j'allais devenir photographe. Je n'avais jamais pris une photo de ma vie. Mon père avait fait un peu de photo quand j'étais jeune, et j'étais aussi très inspiré par les images que l'informatique était capable de créer, mais je n'avais jamais possédé d'appareil photo.

À l'époque, je travaillais comme directeur commercial dans une société de création de sites web ; je n'étais impliqué dans aucun projet artistique. J'ai commencé à chercher à la Fnac tous les livres sur la prise de vue, sur Photoshop… Après avoir acheté presque une dizaine de livres, j'ai remarqué qu'un auteur se dégageait du lot dans sa méthode d'apprentissage : Scott Kelby. Il avait le chic pour expliquer des techniques de photo par des exemples concrets, et surtout sans théorie inutile.

Je me rappelle avoir acheté un livre sur le HDR (*High Dynamic Range*), qui commençait par un très long chapitre scientifique sur les photons. Je me suis endormi et je n'ai pas pu finir le livre. Scott, lui, allait droit au but. J'avais enfin trouvé mon mentor qui allait m'apprendre « la force » photographique. J'ai acheté tous ses livres, me suis abonné à tous ses podcasts, et il en a un grand nombre ! J'avais aussi acquis un Canon 350 D à l'époque, et je me forçais à étudier et à prendre des photos au moins vingt heures par semaine en plus de mon travail.

Au début, j'ai essayé de reproduire les travaux de Jean-Michel Berts, Scott Kelby, Matt Kloskowski, Joel Grimes, Trey Ratcliff, tous les photographes qui m'inspiraient sur le Web. Ce qui est drôle, c'est qu'au début je copiais mais que très vite, j'ai réussi à trouver mon style.

J'aime les photos dramatiques avec des couleurs et des nuages incroyables. L'ambiance cinéma, c'est vraiment le type de photo qui m'inspire. Le type « affiche de film hollywoodien ». J'ai donc décidé de faire une série de photos, « Paris comme au cinéma », que vous pouvez voir sur **www.sergeramelli.com**.

Pendant cette aventure, j'ai acheté Lightroom 1 et j'ai tout de suite accroché avec son approche. Lightroom est un logiciel merveilleux avec lequel je fais 90 % de mes retouches.

Quelques années plus tard, la reconnaissance arrivant, des photographes m'ont demandé d'expliquer mes techniques de retouche. J'ai donc commencé à enregistrer des tutoriels vidéo. À cette époque, j'ai découvert le site **tuto.com** et j'y ai commercialisé mes tutoriels. Quelques dizaines de tutoriels plus tard, je suis devenu le deuxième vendeur de tutoriels sur le site, toutes catégories confondues. Avec plus de 20 000 formations vendues, j'ai eu l'honneur d'être contacté par les éditions Pearson pour cet ouvrage.

J'essaye d'enseigner comme Scott Kelby me l'a appris, c'est-à-dire que :

- Je ne donne pas de théorie inutile, rien que des exemples concrets.
- J'explique comme je le ferais à un ami.
- Je n'utilise pas de termes techniques, j'essaye d'employer un langage courant.

Je tiens à remercier Karen, ma femme, qui a supporté mes absences pendant que je prenais des photos ou que je révisais des podcasts sur Lightroom. Elle a toujours été à mes côtés et m'a beaucoup encouragé dans ma voie artistique. Je remercie ma fille, Marine, qui aujourd'hui fait des études pour devenir photographe et qui est le soleil de ma vie.

Je voulais aussi remercier Nicolas Chaunu, le créateur de **tuto.com** ; c'est lui qui m'a fait confiance et a été le premier à mettre mon travail en avant.

Je voulais aussi bien sûr remercier Scott Kelby, qui entre-temps m'a fait l'honneur de devenir mon ami. Il est l'un des êtres les plus incroyables que j'aie jamais rencontrés. Il a bâti une très belle et populaire entreprise aux États-Unis et est une vraie « star » de la photo. Malgré son succès, il est resté d'une gentillesse et d'une prévenance incroyables pour son prochain. Quand on parle avec Scott, on se sent grand. C'est une qualité rare, que malheureusement certaines personnes perdent en prenant de l'importance.

J'arrête de vous embêter avec mes pensées philosophiques, allons retoucher des photos !

Serge Ramelli

Tutoriels vidéo et images originales

Chacun des chapitres de cet ouvrage est accompagné d'un tutoriel vidéo qui reprend l'ensemble des manipulations réalisées au cours de l'atelier. Pour y accéder, il suffit de vous rendre sur le site

http://lightroom.moneformation.fr

et de vous inscrire à l'aide du code personnel que vous trouverez à la fin de cet ouvrage.

En plus des tutoriels vidéo qui vous permettront de visualiser pas à pas les explications données dans ce livre, vous aurez également accès aux images originales utilisées dans ces tutoriels, que vous pourrez télécharger pour vous exercer chez vous à reproduire les réglages préconisés avant de vous lancer dans la retouche de vos propres photos.

1

Les réglages de base

Dans ce chapitre, nous allons nous intéresser aux réglages de base. Il est important de ne pas vouloir aller trop vite et de bien comprendre ces réglages.

Nous allons détailler toutes les options de l'onglet Réglages de base, qui se trouve dans le volet Développement de Lightroom.

Lightroom 5 a complètement repensé ces réglages et ils sont beaucoup plus puissants, car chaque curseur va s'attaquer à un niveau de luminosité de l'image et tout cela avec une frappe chirurgicale ! Commençons cette expérience sans plus tarder.

Nous allons débuter par la retouche d'une photo prise en contre-jour. Le ciel y est trop clair, les ombres trop prononcées et les couleurs altérées ; une grande injustice pour ce magnifique coucher de soleil !

INFO

Cette image est un fichier Raw. Assurez-vous de bien avoir un fichier Raw si vous voulez pouvoir suivre l'étape 6, car les options de balance des blancs ne seront pas les mêmes si vous essayez de retoucher un fichier JPEG. Il est fortement conseillé de régler votre appareil pour prendre des photos au format Raw, car ce format a beaucoup d'informations cachées, et Lightroom sait les exploiter comme personne !

La séquence de travail dit « *workflow* » que je vais vous proposer est ma formule personnelle pour obtenir le meilleur de mes fichiers Raw. Chaque photographe possède ses recettes maison – voici les miennes !

ASTUCE

Tout au long de ce livre, je vous indique de déplacer les curseurs à gauche ou à droite afin d'obtenir des réglages précis et de vous familiariser avec ces curseurs, car ce sont eux que vous utiliserez lors de vos propres créations. Mais il est parfois difficile de positionner le curseur sur la valeur que je vous mentionne ; dans ce cas, cliquez sur la valeur à changer et entrez-la manuellement en utilisant votre clavier.

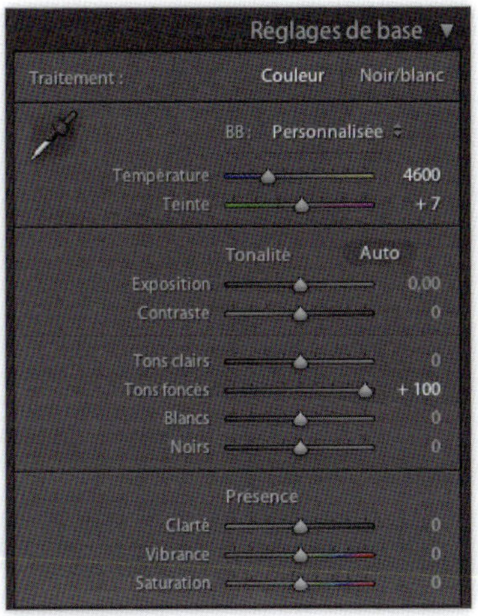

Étape 1 : Tons foncés

Réglez les Tons foncés dans la section Tonalité du panneau Réglages de base, en faisant glisser le curseur vers la droite jusqu'à +100. Cette étape permet d'éclaircir les parties sombres de la photo. On découvre ce qui se cache derrière les ombres, c'est magique !

Étape 2 : Tons clairs

Réglez les Tons clairs en faisant glisser le curseur vers la gauche jusqu'à - 100. Ainsi, vous allez assombrir les parties claires de la photo et récupérer des détails.
Cela va donner un aspect surnaturel à la photo, un petit côté HDR (*High Dynamic Range*) pour ceux qui connaissent ; mais ne vous en faites pas, nous allons rétablir cela sans plus attendre !

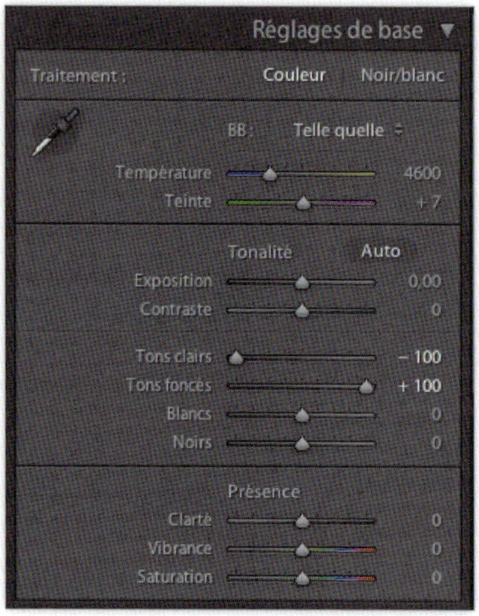

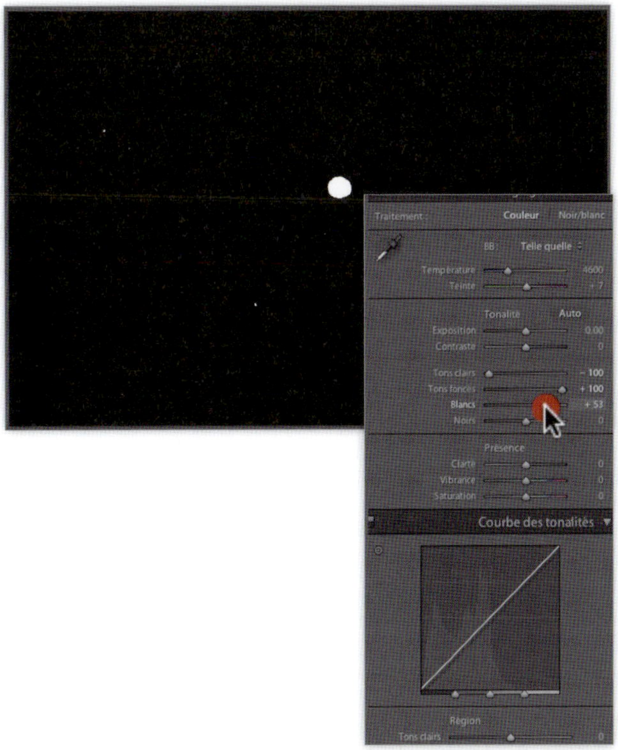

Étape 3 : Blancs

À présent, vous allez effectuer le réglage des Blancs. Faites glisser le curseur Blancs vers la droite en maintenant la touche Alt enfoncée ; l'écran devient noir. Dès l'apparition de points blancs, immobilisez le curseur. Ce réglage permet d'éclaircir les parties les plus claires. Vous allez obtenir des points 100 % blancs. Il est important que votre image ait une gamme de tonalités bien équilibrée, des tons les plus foncés aux tons les plus clairs.

La photo est globalement plus claire.

Étape 4 : Noirs

Effectuez ensuite le réglage des Noirs. Il s'agit de traiter les parties les plus sombres pour obtenir des points 100 % noirs.

Faites glisser le curseur Noirs vers la gauche, en maintenant la touche Alt enfoncée. L'écran devient blanc, puis des points de couleur apparaissent ; cela indique que ces points sont maintenant parfaitement noirs, et non plus gris foncé. Cette manipulation va assombrir la photo et lui redonner un aspect naturel. Il est important, pour avoir une photo bien contrastée, que certains aspects soient sombres – c'est ce que l'on vient de régler.

Réglez cette valeur jusqu'à avoir une certaine quantité de points.

Les deux étapes précédentes vous ont permis d'avoir une densité dans les points noirs et les points blancs qui apporte du contraste à la photo. Les noirs sont bien sombres et les blancs bien clairs. Bien que ce soit une photo sombre, les tonalités sont maintenant mieux réparties entre les zones les plus foncées et les zones les plus claires de l'image.

Étape 5 : Contraste

Pour donner davantage de contraste à vos couleurs, modifiez le paramètre Contraste en faisant glisser le curseur vers la droite. Ici, j'ai choisi de le régler sur +39. Cela va *booster* votre image !

Sélection : Auto

Étape 6 : Balance des blancs

Ce qui ne convient toujours pas dans cette photo, c'est la balance des blancs. La balance des blancs n'est pas du tout une science exacte, mais un effort de votre appareil photo de bien retranscrire les différentes températures de couleurs. Pour faire simple, on peut résumer ainsi : la lumière en pleine journée est assez bleue, ont dit qu'elle est froide ; le soir, quand le soleil a disparu et que la ville est éclairée par des lampadaires, on dit qu'elle est chaude, Tungstène, les couleurs sont orangées. Mais généralement, les couchers de soleil ou l'intérieur d'une maison sont chauds aussi.

J'utilise la balance des blancs soit pour donner un look artificiel à la photo selon mon humeur artistique, soit pour retranscrire le plus précisément possible les couleurs de la scène que j'ai photographiée. Ici, j'ai cherché à retrouver les couleurs de ce moment magique où je vagabondais dans les rues de Paris un soir de printemps… mais je m'égare !

Allez sur BB, qui est réglé sur « telle quelle », et testez les différentes suggestions du menu déroulant pour choisir le rendu qui vous convient.

Ci-contre, quelques exemples :

Sélection : Lumière naturelle

Sélection : Temps nuageux

Sélection : Ombres

Sélection : Tungstène

Sélection : Fluorescente

Sélection : Flash

Étant donné que le soleil est présent sur cette photo, j'applique la recette suivante : je sélectionne Ombre et j'ajoute un peu de magenta en faisant glisser le curseur Teinte légèrement vers la droite – pour cette photo, jusqu'à +30. Le réglage BB prend la valeur Personnaliser, car j'ai modifié la Teinte.
J'ai remarqué que le réglage Ombre marche bien avec les couchers de soleil, car c'est un réglage chaud. Il manque juste un petit peu de rouge, d'où le +30 appliqué avec le curseur Teinte.

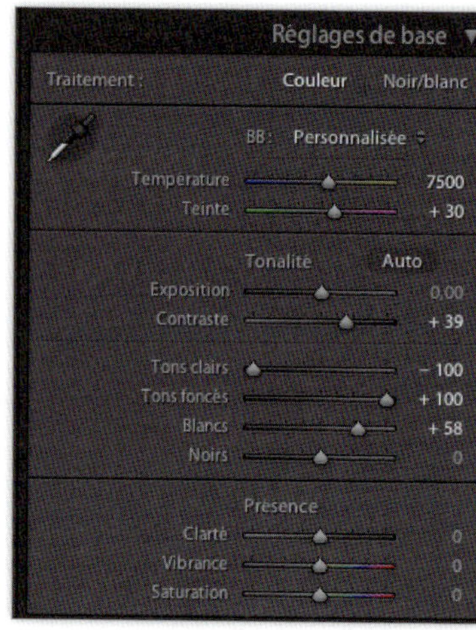

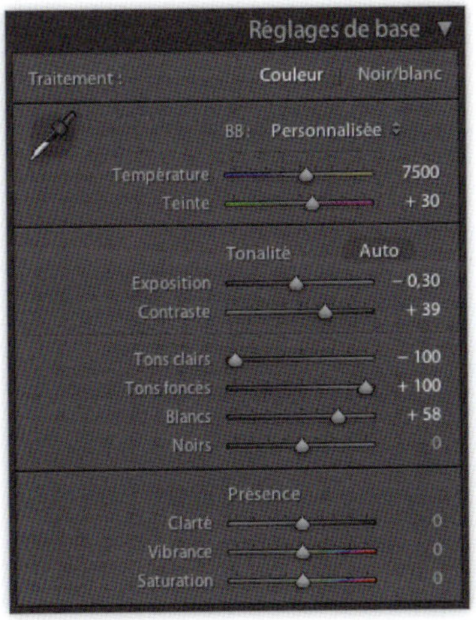

Étape 7 : Exposition

Notre prochaine étape est le réglage de l'exposition globale de la photo. Pour celle-ci, je choisis de la foncer légèrement, parce qu'une photo de coucher de soleil doit restituer une atmosphère de soirée ; le fait de la foncer donne plus de *punch* et de saturation aux couleurs.

Déplacez votre curseur Exposition légèrement vers la gauche jusqu'à la valeur de –0,30.

Étape 8 : Clarté

Si vous faites glisser le curseur Clarté complètement vers la droite, les couleurs seront un peu moins vives, mais en revanche vous obtiendrez beaucoup plus de détails. En fait, c'est une recette maison pour donner un look HDR à votre photo, mais ne le dites à personne !
À l'inverse, si vous faites glisser le curseur vers la gauche, les détails s'estompent.

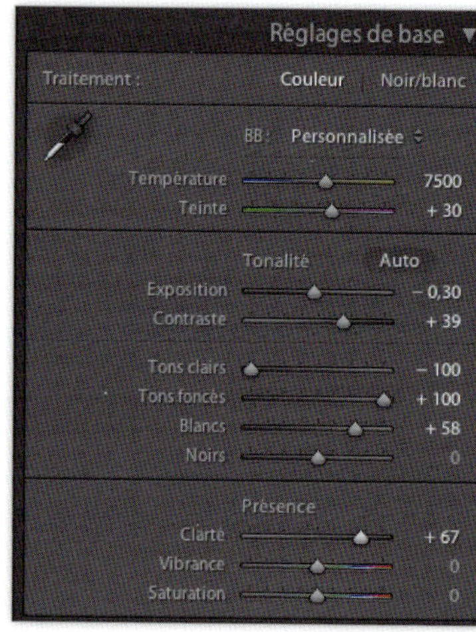

INFO

Le HDR (*High Dynamic Range*, imagerie à grande gamme dynamique) est une technique photographique qui consiste à assembler plusieurs expositions d'une même scène pour arriver à avoir beaucoup de détails à la fois dans les zones d'ombres et dans les zones très claires.
Le plus connu des logiciels HDR est Photomatix, un logiciel français. En l'utilisant, on obtient ce « look HDR », appelé ainsi par le commun des mortels et devenu assez populaire sur le Web. Adoré par certain, détesté par d'autres, comme tout ce qui est populaire…
Adobe Lightroom a voulu rajouter ce look à son arsenal de retouche, et voici donc le réglage Clarté – qui, pour l'anecdote, a entièrement été repensé depuis la version 4 de Lightroom et est maintenant beaucoup plus prononcé !

Pour cette photo, je choisis de régler la Clarté à +22.

Étape 9 : Saturation

Le réglage Saturation permet d'obtenir des couleurs vives ou, au contraire, de partir vers du noir et blanc.

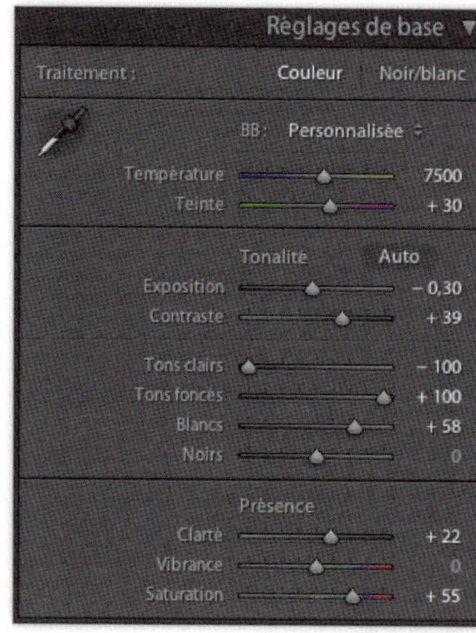

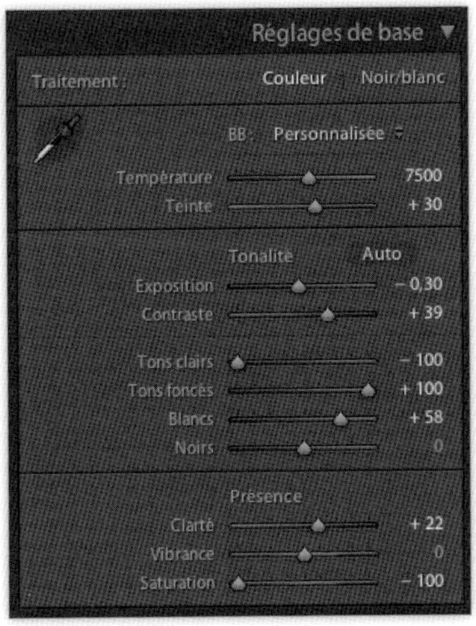

Si vous souhaitez annuler un de vos réglages, il suffit de double-cliquer sur votre curseur.
Je ne change rien concernant la saturation de cette photo.

Étape 10 : Vibrance

Ce réglage est analogue à celui de la Saturation, à la différence que celui-ci est « intelligent » : par exemple, si la couleur orange est très présente dans une photo, le logiciel va faire en sorte que les autres couleurs prennent plus de vie sans modifier l'orange.
Pour cette photo, je choisis un réglage à +20.

Nos réglages de base sont maintenant terminés.
Pour avoir un aperçu avant/après, appuyez sur les touches Shift+S (Maj+S) ou, dans l'historique, cliquez sur Réinitialiser les paramètres.
Appuyez à nouveau sur Shift+S pour revenir à la version retouchée.

Madame, monsieur, vous venez d'apercevoir la puissance de Lightroom. Vous allez maintenant pouvoir devenir riche et célèbre ! (Ou pas…)

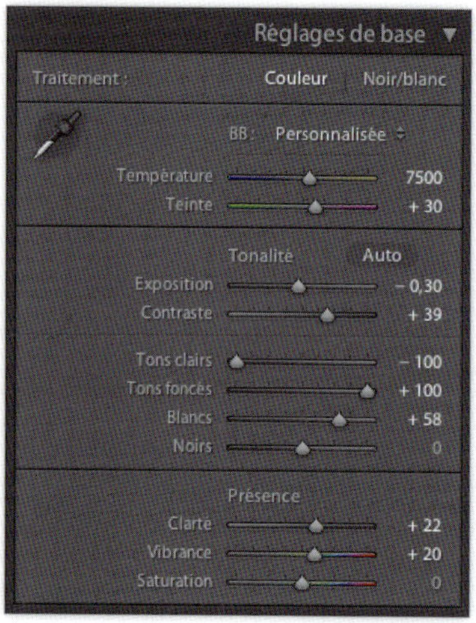

2

Les photos surexposées

Dans ce chapitre, nous allons retoucher une photo surexposée.
Essayez de faire cela en dix étapes selon mon mode de travail et, par la suite, vous pourrez juste vous en inspirer pour vos propres créations photographiques. Les premières étapes sont comparables à celles vues au Chapitre 1.

Voici une photo au format Raw prise avec un Canon 5D Mark II. J'ai exposé l'image par rapport au bâtiment du jardin du Luxembourg à Paris ; cela a pour résultat un ciel très blanc. En effet, la mesure d'exposition de l'appareil s'est effectuée sur le Sénat, et le bâtiment est beaucoup plus sombre que le ciel. L'obturateur est resté ouvert jusqu'à ce que le bâtiment soit correctement exposé. Si le ciel est trop clair, surexposé, c'est qu'il n'avait pas besoin, lui, d'autant de temps pour être correctement exposé.

Ce ciel vraiment trop blanc manque d'éléments nuageux, alors qu'il y avait un joli coucher de soleil ; et ça, c'est vraiment la limitation des appareils photo d'aujourd'hui : dans des moments comme celui-ci, de contraste très fort, on manque d'informations. Mais ces dernières existent pourtant et grâce à la magie de Lightroom et du fichier Raw, nous allons les révéler, comme un magicien sortirait un lapin de son chapeau !

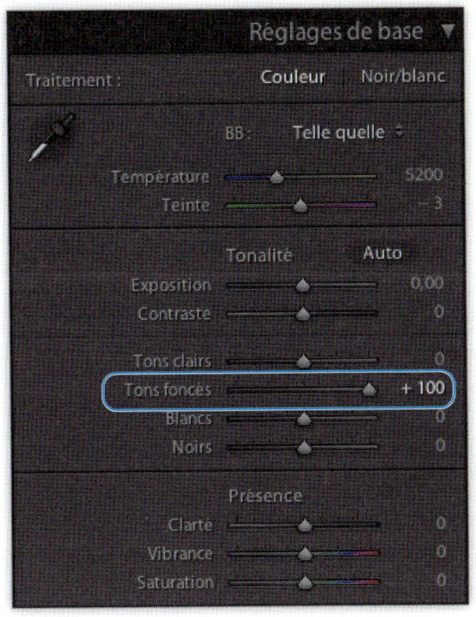

Étape 1 : Tons foncés

Ouvrez les Tons foncés à +100 % en déplaçant votre curseur complètement à droite, ce qui éclaircit toute la photo de façon artificielle. Dans 90 % des cas, j'ouvre les Tons foncés à 100 % en premier lieu.

Étape 2 : Tons clairs

Baissez les Tons clairs à –100 % en déplaçant votre curseur vers la gauche, comme pour la première photo du Chapitre 1. Les zones d'ombres sont très claires ; on a récupéré une partie du ciel, mais ce n'est pas extraordinaire, loin de là.

Le fichier Raw a encore beaucoup de ressources sous le capot que l'on va explorer dans l'étape suivante !

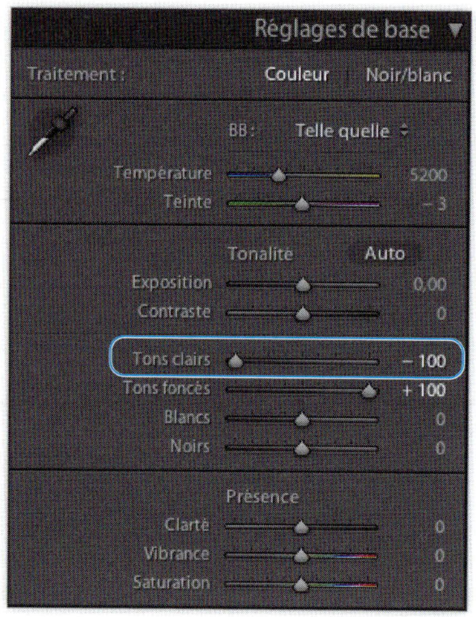

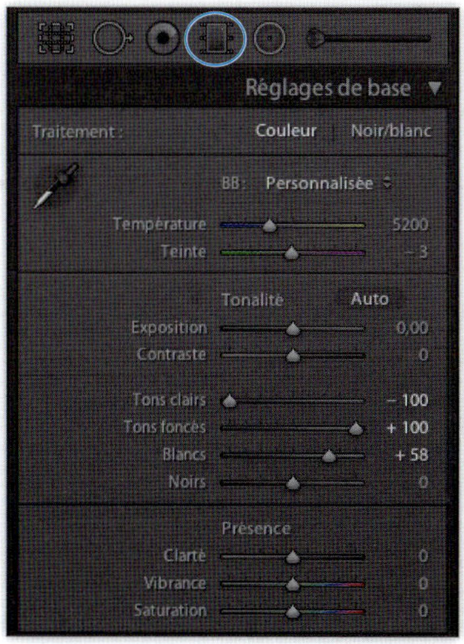

Étape 3 : Filtre gradué

Maintenant, vous allez utiliser un nouvel outil que je ne vous ai pas encore présenté : il s'agit du Filtre gradué. Il va permettre de révéler notre ciel et de donner à la photo cet aspect dramatique si populaire aujourd'hui sur le Web.
Le Filtre gradué, c'est l'icône cerclée ci-contre.

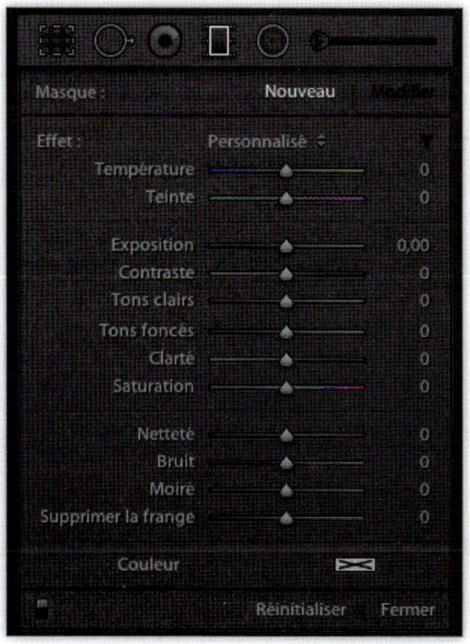

Et derrière cette petite icône se cachent de grands pouvoirs ! Cliquez sur l'icône ; un nouveau tableau avec plusieurs effets s'affiche.

Comme vous pouvez le voir, certains réglages ne sont pas à zéro. Commencez par les réinitialiser : pour cela, appuyez sur la touche Alt de votre clavier et maintenez-la enfoncée : le mot « Effets », en haut à gauche, devient « Réinitialiser » ; cliquez dessus et la mise à zéro de chaque effet s'effectue.

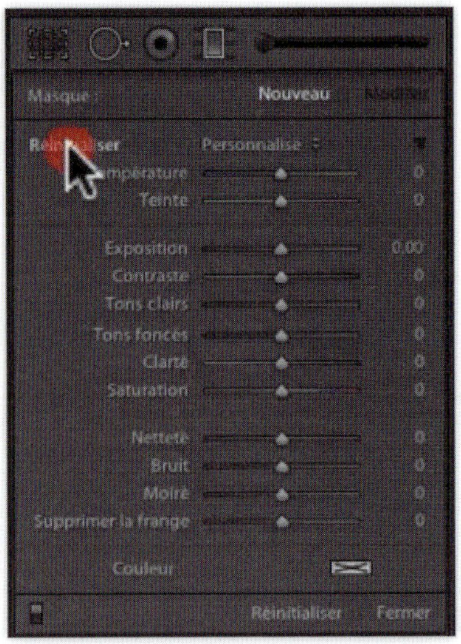

Nous allons appliquer ces réglages d'effets de manière graduelle. Baissez le niveau d'exposition à environ –1,83 (vous verrez qu'il est difficile de positionner le curseur sur la valeur exacte, alors approchez-vous-en au mieux) – cela fonce l'exposition de votre filtre –, puis cliquez à peu près au milieu du ciel pour appliquer votre filtre et, tout en maintenant le bouton de votre souris enfoncé, faites-la glisser jusqu'au niveau du sol, de sorte que le ciel soit bien recouvert de ce filtre, même entre les arbres du fond.

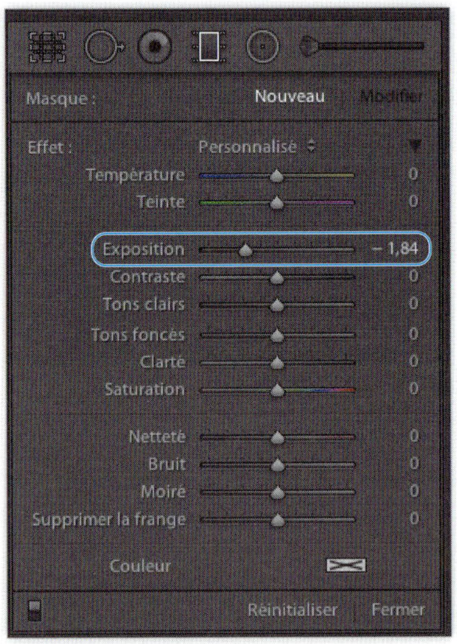

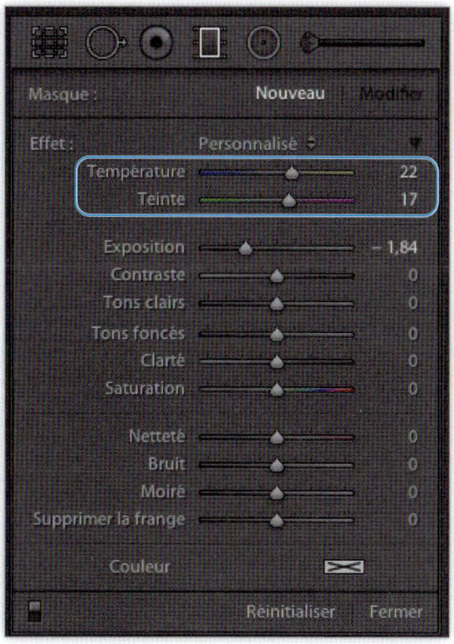

Cet outil s'appelle Filtre gradué ; l'exposition foncée que vous obtenez grâce au réglage –1,83 va donc s'appliquer sur la photo de façon graduelle. L'exposition s'applique à 100 % du haut de la photo jusqu'au premier trait du filtre, puis progressivement jusqu'au dernier trait. Le haut du ciel est à –1,83 d'exposition, donc bien foncé, tandis que le filtre s'atténue pour donner ensuite une exposition moins foncée.
Cela permet de compenser cette faiblesse des appareils qui a souvent pour résultat des photos avec un ciel trop clair, communément appelé « cramé ».

Une fois que votre Filtre gradué est en place, vous pouvez faire d'autres réglages qui vont s'ajouter à l'exposition que vous avez modifiée, par exemple : réglez la température à 22 et la teinte à 17, et cette modification qui consiste à ajouter du jaune et du magenta va aussi s'appliquer de façon graduelle à votre ciel. Le coucher de soleil commence à réapparaître.

Quand vous avez fini avec l'outil Filtre gradué, cliquez sur « fermer », en bas à droite de la fenêtre.
Si vous souhaitez revoir vos modifications, cliquez sur le panneau du Filtre gradué, puis en bas à gauche sur le petit rectangle blanc et noir : vous verrez alors votre avant/après modifications.
Appliquez ce filtre et vous noterez une différence vraiment importante. Je l'utilise tout le temps pour récupérer les éléments manquants dans mes ciels.

Étape 4 : Blancs

L'étape suivante consiste à s'occuper des points blancs comme vous l'avez déjà fait dans le Chapitre 1. Cela permet de rétablir une luminosité correcte pour tous les éléments clairs de la photo.

Faites glisser le curseur Blancs vers la droite en maintenant la touche Alt enfoncée. L'écran devient noir et, dès l'apparition de points blancs, vous stoppez le curseur. Pour cette photo, allez jusqu'à +62. Une fois de plus, ce réglage permet d'éclaircir les parties les plus claires de la photo. Résultat, le ciel présente des points plus lumineux, la photo commence à être dramatique à souhait.

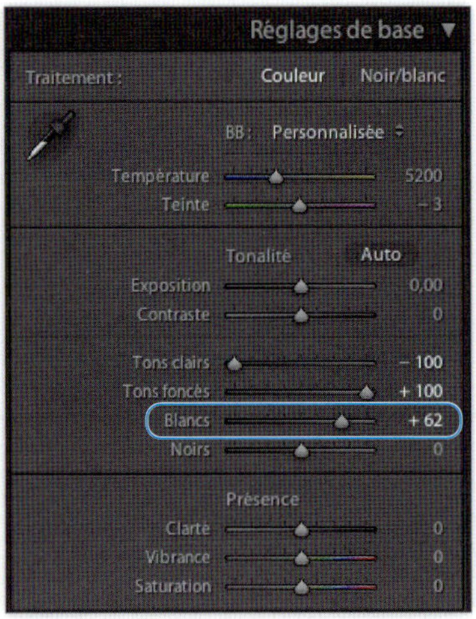

Étape 5 : Noirs

Pour les points noirs, on va insister un peu plus, parce que c'est un coucher de soleil. Déplacez votre curseur vers la gauche jusqu'à –62, vous obtenez une photo plus sombre. Plus vous foncez vos couleurs, plus elles deviennent vives, ce qui est tout à fait approprié pour un coucher de soleil.

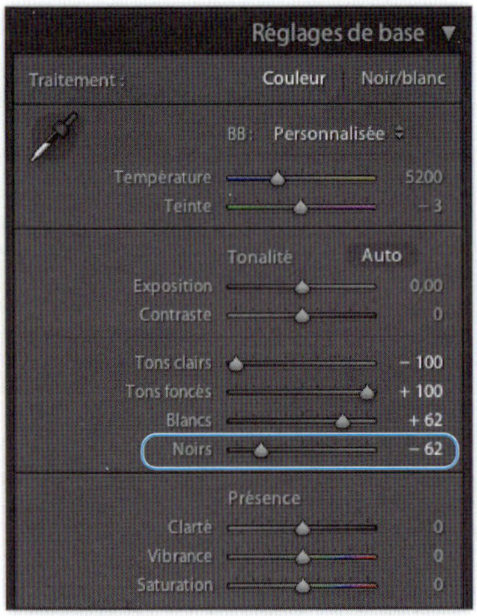

Regardez l'avant/après (en cliquant sur Shift+S ou Maj+S) : sacrées différences avec seulement ces quatre réglages ! Et voilà la puissance de Lightroom et du fichier Raw ! Dire qu'on vous avait caché ça !

Étape 6 : Balance des blancs

Ma formule habituelle pour un coucher de soleil consiste à effectuer le réglage de balance des blancs (BB) sur Ombre.

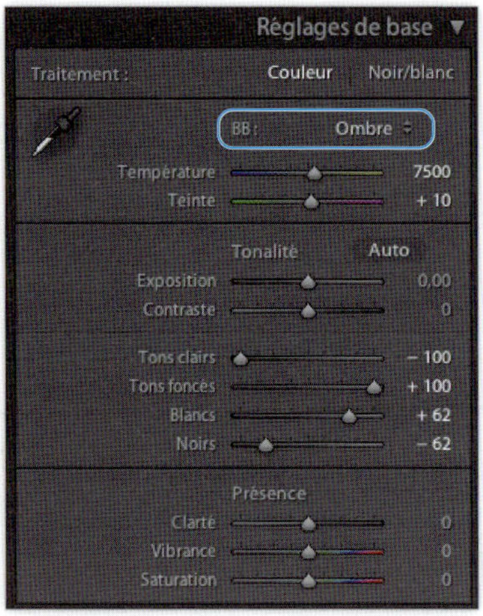

Ce réglage amène systématiquement la température à 7 500 et la teinte à +10. On voit déjà bien les couleurs du coucher de soleil, mais comme je suis un amoureux du rouge, je vais ajouter un peu de magenta dans la couleur générale de la photo. Déplacez le curseur jusqu'à +19.

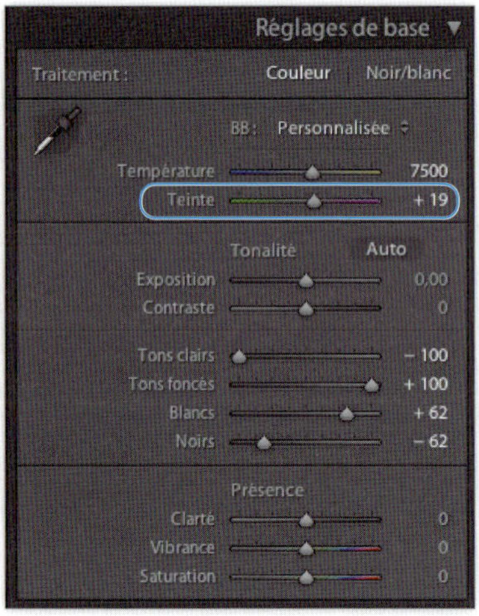

Et là, on retrouve vraiment l'émotion du moment. Refaites un petit Shift+S (Maj+S) : notre avant/après est impressionnant.

Étape 7 : Clarté

Ajoutez de la clarté en déplaçant votre curseur vers la droite à +39, cela donne le petit look HDR dont je vous ai parlé dans le premier chapitre et plus de peps à la photo. Je ne sors jamais sans un petit coup de clarté :-)

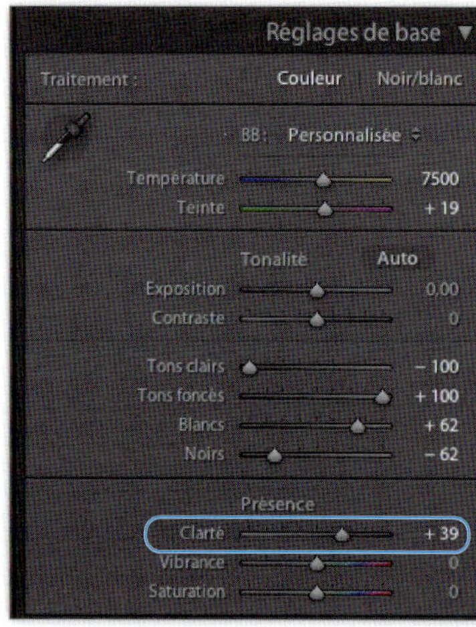

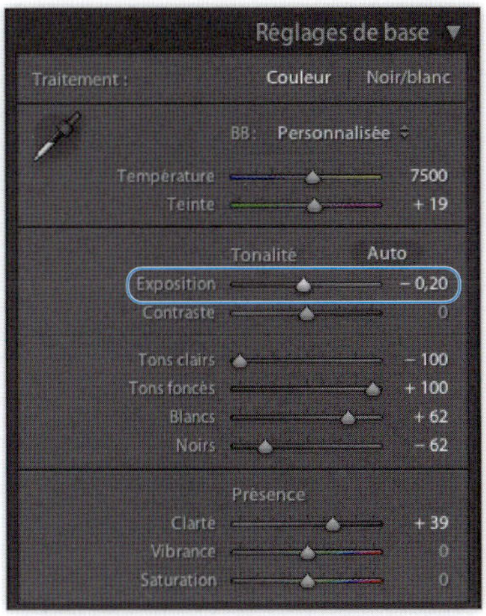

Étape 8 : Exposition

Déplacez le curseur afin d'obtenir la valeur –0,20 ; comme c'est une photo prise le soir, je fais le choix de l'assombrir un peu.

Étape 9 : Bruit (Luminance)

Je vais aborder une nouvelle notion dans ce chapitre, en plus du Filtre gradué : il s'agit du « bruit ».

INFO

Le bruit est l'apparition de petits grains noirs et blancs ou de couleur dans les zones sombres de la photo. Il provient de l'incapacité du capteur à « voir dans le noir ». C'est d'ailleurs la différence entre les appareils haut et bas de gamme. Plus la qualité de votre appareil est bonne, moins vous aurez de bruit dans les zones sombres. C'est vraiment le soir, à l'intérieur, ou la nuit qu'un appareil photo montrera sa compétence et vous donnera bonne conscience d'avoir investi autant ! Pour traiter le bruit, rendez-vous dans le panneau Détails.

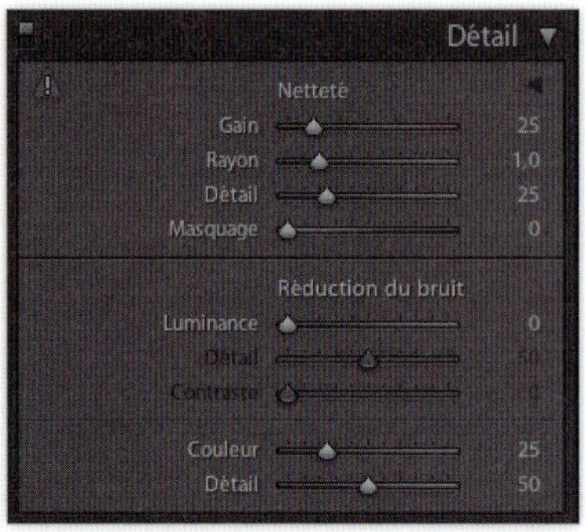

Revenons à notre photo. Pour voir si elle présente du bruit, cliquez simplement dessus pour zoomer. Aucun bruit n'est visible sur cette photo, mais j'opte toujours pour le réglage suivant :
Déplacez le curseur « luminance » vers la droite aux environs de 10. J'applique cette formule en cas d'absence de bruit visible à l'œil nu. Ainsi, si je loupe du bruit quelque part sur ma photo, il sera tout de même corrigé et je n'aurai pas de mauvaise surprise sur un grand tirage papier...

Étape 10 : Netteté

La netteté est très importante sur une photo. Celle-ci est déjà bien nette, alors je règle le « gain » sur 90 ; cela augmente la netteté. Vous ne le verrez peut-être pas sur votre écran, car c'est très subtil, mais cela fera une différence en cas de tirage papier ou de mise en ligne sur Internet.

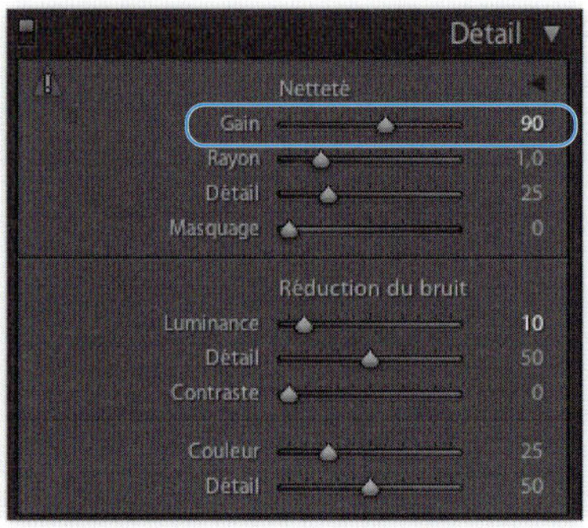

En dix étapes, vous passez d'une photo au ciel surexposé à ce résultat final ! Dingue, non ?

Si vous n'êtes pas fan de ce type de rendu, assez saturé et avec un petit côté HDR, il vous suffit de jouer avec le réglage de clarté (voir étape 7) et de baisser le niveau de vibrance pour avoir un rendu plus naturel.

NOTE

La retouche d'une photo est tout à fait relative au goût de chacun. Il y a une vraie controverse sur « naturel *versus* retouché ». Pour moi, tout ceci est un faux débat. Une photo est un point de vue et une illusion. Les rendus de couleurs d'un appareil photo ne seront jamais fidèles à la réalité. Ansel Adams, un des plus grands maîtres de la photo noir et blanc du siècle dernier, avait toute une équipe de retoucheurs qui testait différents procédés pour rendre son point de vue d'artiste. La seule chose qui compte est l'émotion que votre photo communiquera – qu'elle soit retouchée ou pas.

3

Les photos sous-exposées

Une photo sombre n'est pas forcément une photo ratée ! À l'époque de la pellicule, on avait tendance à exposer pour les hautes lumières, c'est-à-dire à prendre des photos assez claires pour être sûr de ne rien rater dans les parties les plus sombres. Par la suite, on fonçait à nouveau le ciel avec un procédé chimique pour équilibrer la photo.

Avec le numérique, je fais souvent l'inverse : je prends des photos un peu trop sombres pour être sûr de ne rien rater de la beauté du ciel. Il m'est souvent arrivé de prendre une photo trop claire et de me rendre compte ensuite que j'avais perdu pour toujours un ciel magnifique… Et vous connaissez l'importance d'un beau ciel dans une photo de paysage !

Voici la photo sous-exposée sur laquelle vous allez travailler. Il s'agit d'une photographie de l'Académie de Paris que j'ai délibérément sous-exposée lors de la prise de vue pour vous montrer que Lightroom fait aussi des miracles sur les parties sombres.

Vous connaissez déjà les premières étapes, elles sont les mêmes que dans les chapitres précédents.

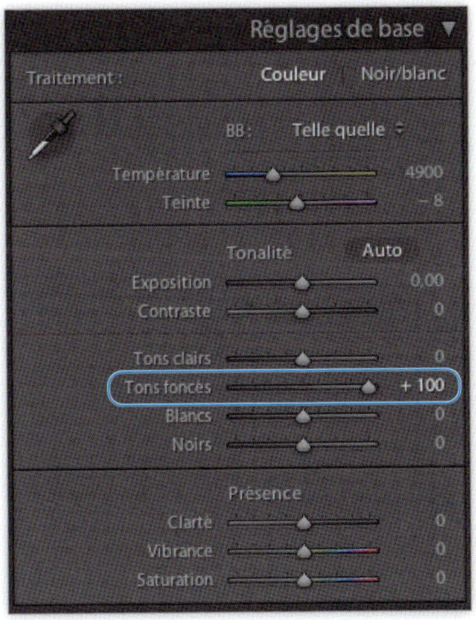

Étape 1 : Tons foncés

Ouvrez les Tons foncés à +100 % en déplaçant votre curseur complètement à droite, ce qui éclaircit toute la photo de façon artificielle.

Étape 2 : Tons clairs

Baissez les Tons clairs à –100 % en déplaçant votre curseur vers la gauche. Les éléments trop clairs de la photo deviennent moins lumineux. Cela influence surtout quelques petits éléments dans le ciel.

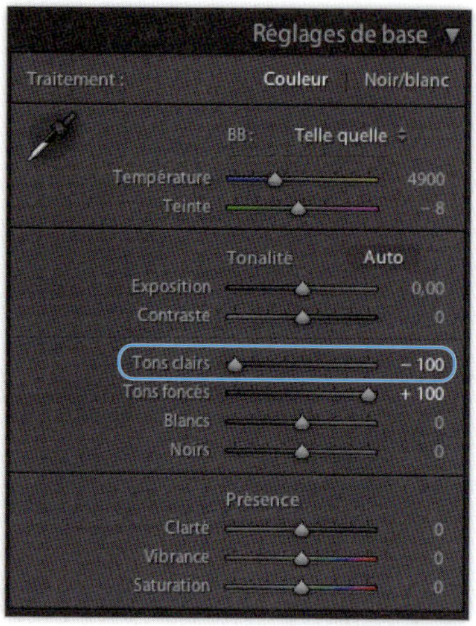

Étape 3 : Filtre gradué

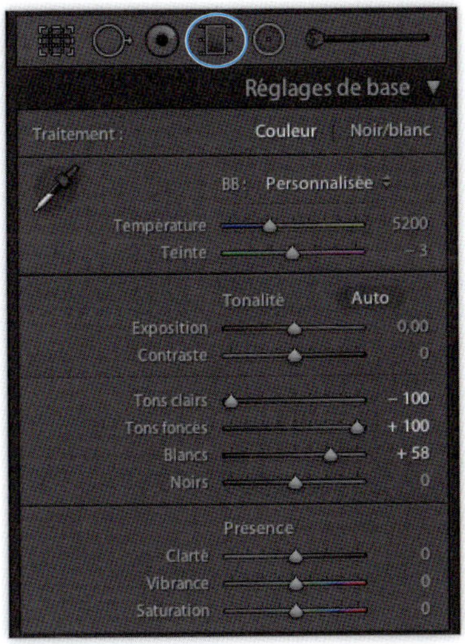

Nous allons redonner toute la splendeur au ciel, grâce à cet outil magique. C'est, pour moi, un des plus puissants de Lightroom ; je l'utilise dans 90 % de mes retouches.
Cliquez sur l'icône du filtre gradué. Cliquez à peu près au milieu du ciel pour appliquer votre filtre et, tout en maintenant le bouton de votre souris enfoncé, faites-la glisser de sorte que le ciel soit bien recouvert. J'ai arbitrairement aussi recouvert une partie du bâtiment ; même si, du coup, le haut est sombre, nous corrigerons cela plus tard.

Vos anciens réglages sont toujours enregistrés, mais vous pouvez soit les réinitialiser maintenant, en cliquant sur ALT et Réinitialiser, soit les modifier après votre sélection. Toutes les modifications sous Lightroom sont non destructives et peuvent être supprimées après coup.

Baissez le niveau d'exposition à environ –0,78 : je veux que le ciel soit beaucoup plus sombre afin d'équilibrer les zones d'ombres que l'on a éclaircies avec le ciel que l'on a assombri. Cela permet d'éliminer l'écart lumineux du départ.

Fermez l'outil Filtre gradué (cliquez sur Fermer, en bas à droite de la fenêtre).

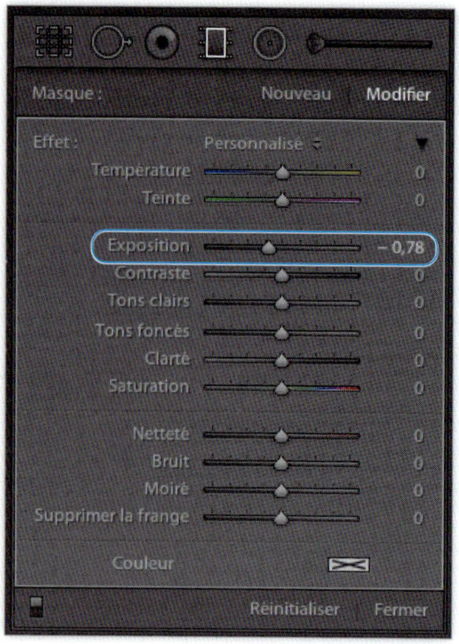

Étape 4 : Blancs

Vous connaissez la routine : faites glisser le curseur Blancs vers la droite en maintenant la touche Alt enfoncée, mais cette fois n'attendez pas l'apparition des points blancs, arrêtez le curseur à +55. Autrement, les blancs seront brûlés, comme sur la première image de la page suivante.

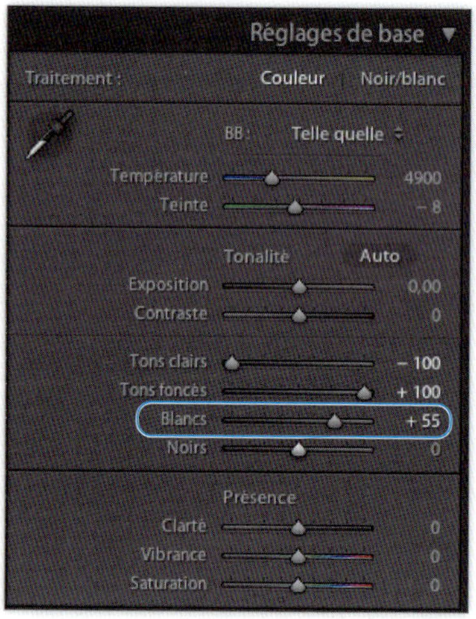

Vous pouvez voir le changement des blancs dans la petite fenêtre Navigation à gauche ; si les blancs éclaircissent trop votre image avant l'apparition des points blancs, arrêtez votre curseur ou revenez en arrière jusqu'à satisfaction.

Étape 5 : Noirs

Pour les points noirs, on y va doucement, car la photo est déjà sombre. Déplacez votre curseur vers la gauche jusqu'à –15.

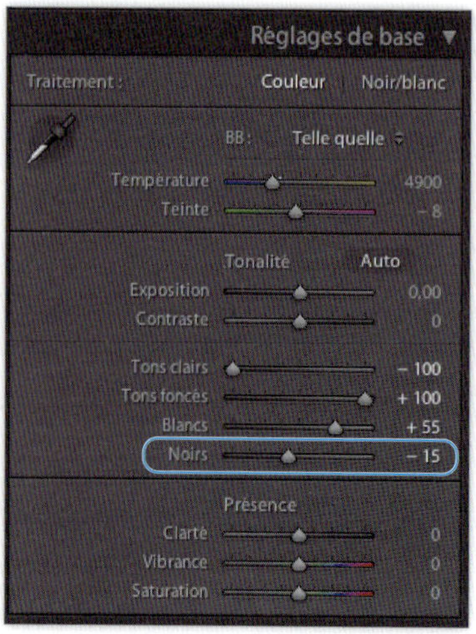

Étape 6 : Balance des blancs

J'ai choisi de sélectionner Lumière naturelle.
J'aime ce réglage qui donne des tons froids (bleus) ; habituellement, on l'applique pour des photos prises en plein après-midi, car il donne un ciel assez bleu. Ici, on a quand même la chaleur du beau coucher de soleil qui ressort. Il est toujours intéressant de faire des contrastes de couleurs entre des tons froids (bleu/vert) et des tons chauds (rouge/orange).

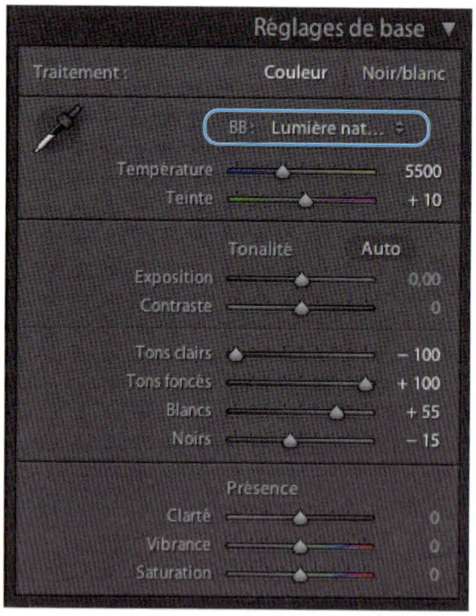

Étape 7: Second Filtre gradué

Je décide d'appliquer un second Filtre gradué après le réglage de la balance des blancs (BB), car je veux que le haut du ciel soit davantage bleu.
Cliquez sur Filtre gradué, puis double-cliquez sur le curseur Exposition. Cela le remet à zéro facilement.
(L'exposition n'était pas à zéro, étant donné que les anciens réglages restent enregistrés).

À présent, sélectionnez uniquement le haut du ciel pour votre Filtre gradué.

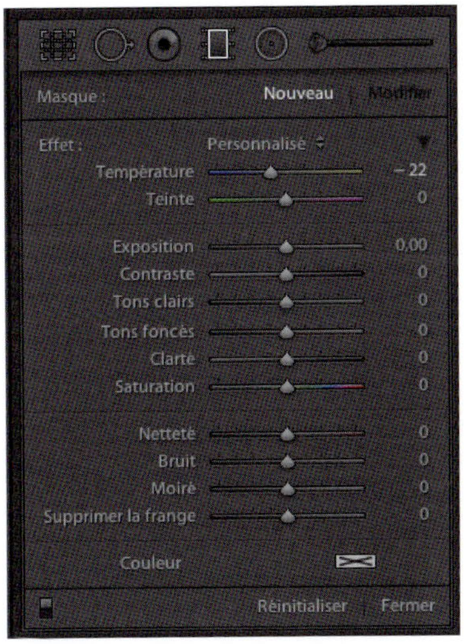

Réglez la température à –22 pour obtenir davantage de bleu.

On a créé un contraste entre le bleu et le coucher de soleil. Fermez l'outil Filtre gradué.

Étape 8: Clarté

Ajoutez de la clarté en déplaçant votre curseur vers la droite à +36. Ainsi vous obtenez ce petit clinquant que j'affectionne tout particulièrement ; les goûts et les couleurs, cela ne se discute pas, n'est-ce pas ?

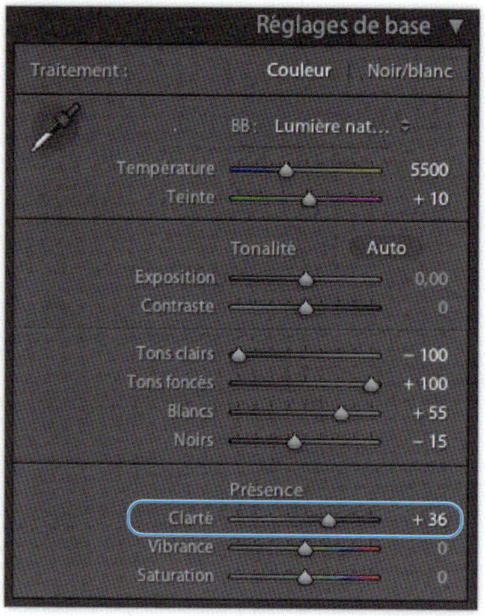

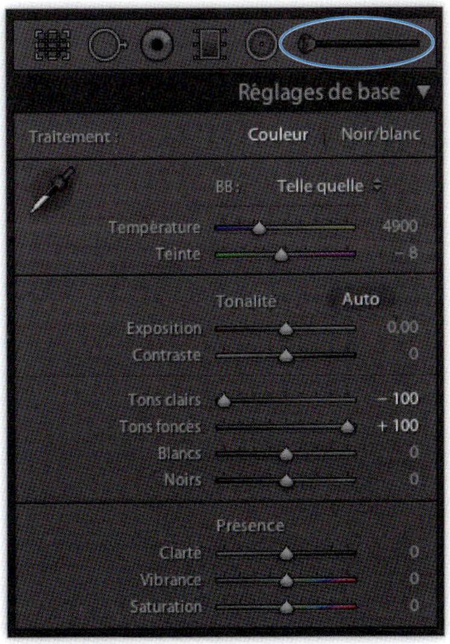

Étape 9 : Brosse

À présent, un nouvel outil, la Brosse – on augmente un peu la difficulté. L'icône de cet outil se situe ici. On va l'utiliser pour éclaircir le dôme de l'Académie que l'on a assombri en appliquant le Filtre gradué à l'étape 7. On va aussi donner un aspect plus intéressant à la photo en rendant ses lumières plus complexes.

Tout comme pour l'outil Filtre gradué, quand vous cliquez sur l'icône, un nouveau panneau avec tous les réglages possibles apparaît. Ces derniers seront appliqués uniquement sur les coups de brosse.

NOTE

Une règle que j'ai très vite comprise d'un de mes mentors en photo, Joe Mc Nelly, un photographe très populaire aux États-Unis, est qu'un élément partiellement éclairé est plus intéressant qu'un élément éclairé de manière uniforme.

S'il y a une seule règle à se rappeler, c'est celle-là ! Par exemple, un mur éclairé de manière uniforme est généralement ennuyant. Si, d'un seul coup, ce mur a des taches provenant du soleil, ou de lampadaires, il sera plus plaisant à regarder. L'étymologie de la photographie est l'écriture de la lumière. Plus la lumière est jolie, plus votre « écriture » sera belle.

Quand je fais de la photo dans Paris, je parcours la ville en scooter en scrutant le ciel. Je cherche de beaux nuages, ou une belle lumière. Ensuite, je trouve mon sujet, par exemple un monument, une ruelle, un lampadaire, un beau trottoir, etc.

Il m'est souvent arrivé de photographier des choses banales, mais qui étaient sublimées par une belle lumière. La moralité de l'histoire est qu'il faut privilégier la belle lumière.

Cliquez sur l'icône de la Brosse, réinitialisez les réglages (Alt et Réinitialiser, en haut à gauche).

L'outil se présente sous forme de cercle et apparaît lorsque vous positionnez votre souris sur la photographie. En fonction de la zone que vous voulez brosser sur la photo, votre brosse doit être plus ou moins grande : il est important qu'elle ne dépasse pas l'élément que vous voulez brosser. Pour modifier sa taille, changez le réglage Taille, ou encore plus simple : si vous avez une souris avec une molette centrale, utilisez-la pour régler la taille.

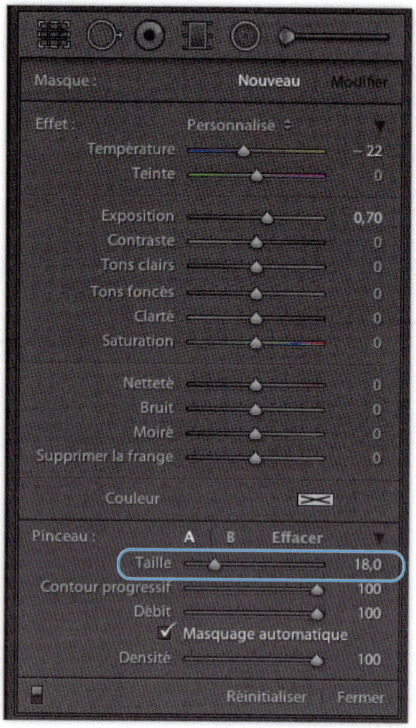

Réglez le curseur Exposition à +0,70. Positionnez votre brosse sur le haut du dôme et brossez légèrement de façon circulaire. Vous voyez que le dôme devient plus clair. En faisant cela, on a éliminé l'effet du Filtre gradué qui l'avait assombri.
Revoyez votre passage de brosse en positionnant votre souris sur le point ou le cercle ressemblant à une punaise qui s'affiche sur votre photo : ce qui est brossé s'affiche en rouge.

Nous allons passer un autre coup de brosse à trois endroits différents de la photographie. Pour cela, cliquez sur Nouveau. En effet, créer une nouvelle brosse permet de modifier des réglages sans toucher à votre premier coup de brosse.
Passez votre brosse sur les zones comme sur l'image ci-contre.
Vous pouvez changer votre réglage *a posteriori*, comme ici : déplacez le curseur Exposition vers +0,43.

Voyez l'avant/après modification en cliquant sur le petit rectangle noir et blanc, en bas à gauche de vos réglages.

J'utilise souvent des brosses lors de mes retouches pour éclaircir ou assombrir certaines parties ; c'est mon arme secrète, qui m'a permis de gagner pas mal de concours photo, mais surtout ne le dites à personne !

INFO

Tant que vous êtes dans l'outil Brosse, une punaise blanche marque chacune de vos brosses, sur lesquelles vous pouvez revenir quand vous voulez. Vous pouvez aussi annuler une brosse en positionnant votre souris sur le point et en cliquant sur la touche Suppr de votre clavier.

Étape 10 : Bruit (luminance)

Zoomez sur la photographie en cliquant dessus.
Vous voyez qu'il y a un peu de grain sur le bâtiment.
Faites glisser le curseur Luminance à 31, cela va atténuer l'aspect granuleux de la photographie.

Étape 11 : Netteté (gain)

Si j'augmente la netteté en déplaçant le curseur Gain vers 79, je vais gagner en netteté sur le bâtiment, mais j'en perds dans le ciel qui redevient un peu granuleux.

Y a-t-il un moyen de remédier à cela ? Eh bien oui ! Lightroom est merveilleux !
Appuyez sur la touche Alt puis cliquez sur Masquage et tout devient blanc. Quand tout est blanc, cela veut dire que les 71 de Gain de netteté s'appliquent à l'ensemble de la photographie. Si vous déplacez le curseur de Masquage vers la droite, certaines parties de la photo deviennent noires. Et partout où vous avez du noir, la netteté (Gain) ne sera pas appliquée.

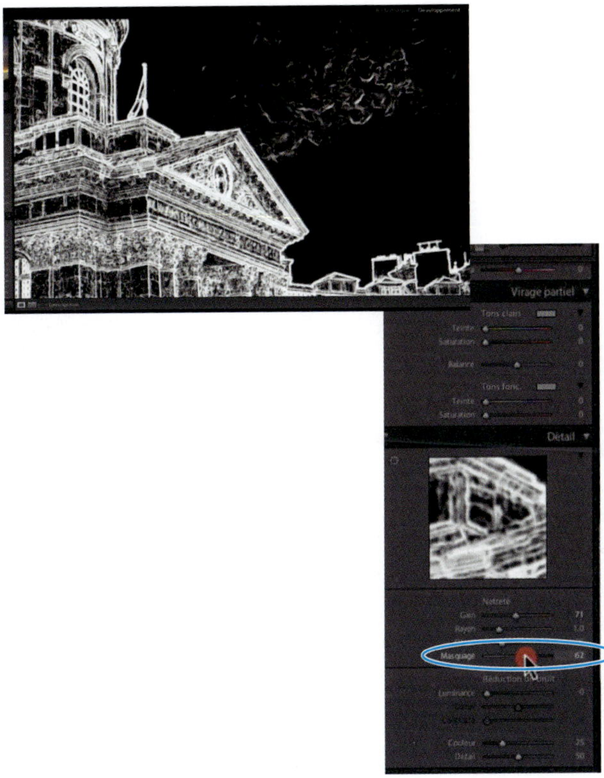

Pour cette photo, poussez le curseur jusqu'à 62 afin que le ciel soit bien noir.

Résultats : un ciel plus doux et un bâtiment net.

Étape 12 : Correction de l'objectif

Vous allez découvrir un nouveau panneau.

Vous devez savoir qu'un objectif crée des déformations à plusieurs niveaux, telles que :

- les lignes horizontales qui partent de travers (première image) ;
- les distorsions en barillet (la photo est un peu bombée) (deuxième image) ;
- les distorsions en coussinet (la photo est un peu écrasée en son centre) (troisième image).

Étant donné que les explications seraient trop techniques… Je n'en dirai pas plus pour le moment, vous avez juste besoin de savoir que ces déformations existent.

Rendez-vous dans le panneau Corrections de l'objectif qui a été modifié pour Lightroom 5, cliquez sur l'onglet Basique et cochez la case Activer le profil de correction. Lightroom va détecter quel objectif a été utilisé pour la prise de vue de cette photo et, en se fondant sur sa base de données correspondante, va corriger ce qu'il peut. Ici, la photo devient légèrement moins arrondie et plus claire sur les côtés.

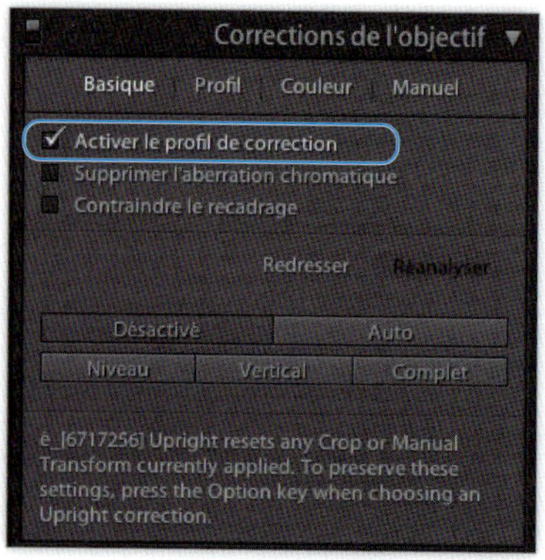

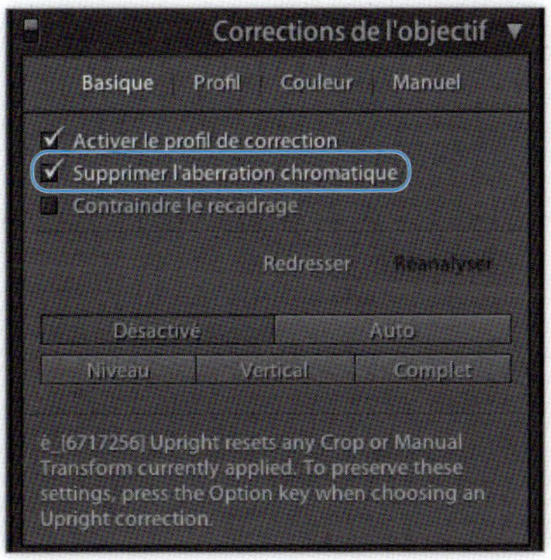

La correction suivante va porter sur l'aberration chromatique.
L'aberration chromatique est un léger trait de couleur que vous pouvez voir sur les bords de certains éléments de la photo. Zoomez sur les cheminées et vous verrez un trait de couleur verte les longer à la verticale ; cochez la case Supprimer l'aberration chromatique et ces traits verts disparaissent.
Cette aberration peut se voir sur un grand tirage, donc il est préférable de la supprimer.

Les murs des extrémités de la photo sont loin d'être droits, la raison en est que mon objectif pointait légèrement vers le haut et, comme c'est un objectif grand-angle, cela a créé cette déformation.
Pour effectuer la correction, cliquez sur Auto.

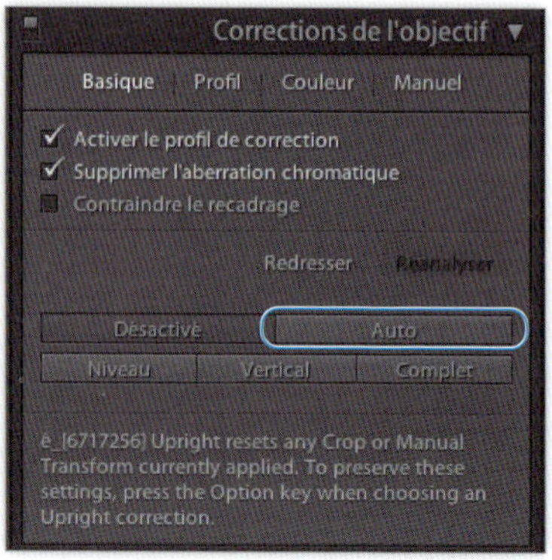

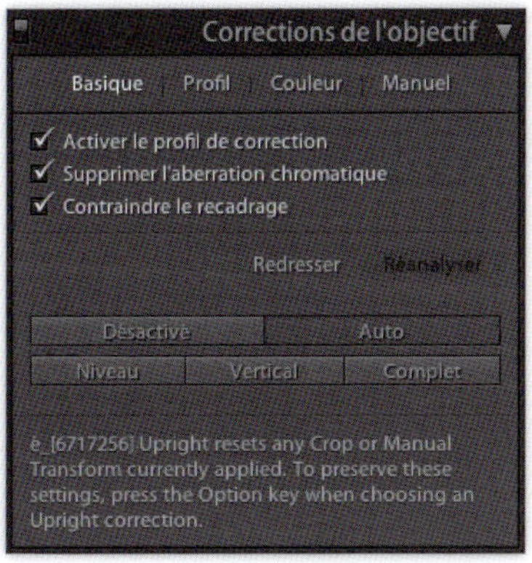

Des zones blanches apparaissent dans le bas de la photo (voir ci-contre). Pour y remédier, cochez Contraindre le recadrage et c'est réglé ! La photo se recadre automatiquement.
Vous pouvez aussi utiliser l'outil Recadrage et supprimer les zones blanches manuellement.

Regardez l'avant/après en cliquant dans le rectangle noir et blanc. À présent on a une photo qui respecte plus la vision humaine.
J'aime beaucoup ce nouvel outil Redresser de Lightroom 5, qui est très pratique par sa rapidité.
Vous pouvez tester chacun des réglages sur votre photo pour décider ce qui est le mieux, par exemple : cliquez sur Désactivé…

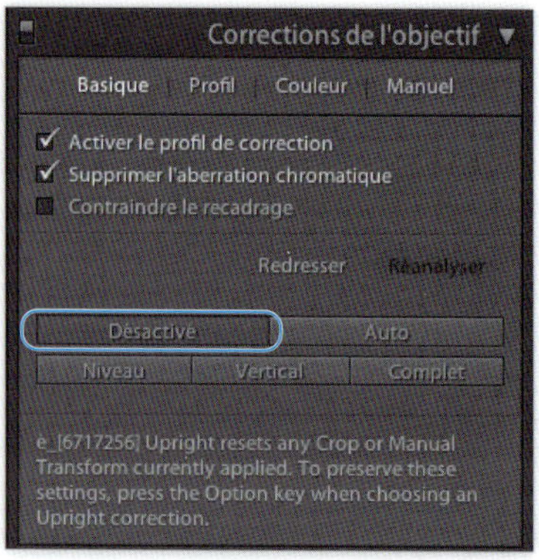

… puis cliquez sur Niveau.

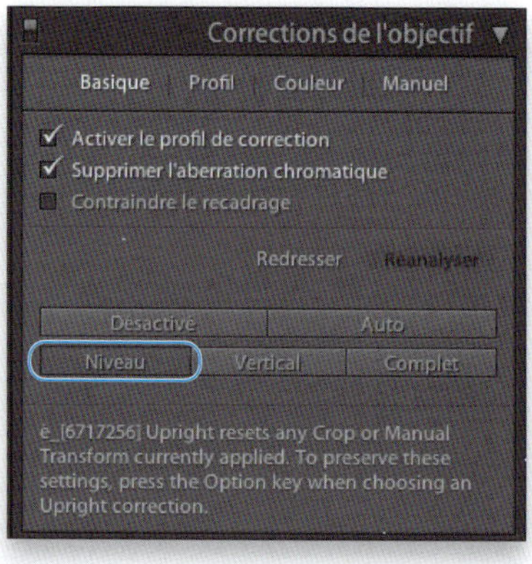

Ce rendu ne change pas grand-chose. Essayez le suivant : cliquez sur Désactivé, puis sur Vertical.

C'est beaucoup mieux, mais les bâtiments sont légèrement étirés vers le haut.

Essayez maintenant le dernier réglage : cliquez sur Désactivé, puis sur Complet.

Le meilleur réglage pour cette photo est définitivement Auto, à mon sens.

Étape 13 : Le vignettage

Dernière petite étape, vous allez ajouter un vignettage, ce qui signifie que vous allez légèrement assombrir les bords de la photo. Cela fait une sorte de cadre naturel qui garde l'attention au centre de la photo.

Rendez-vous sur le panneau Effets, déplacez le curseur Gain à –20 et c'est terminé !

Appuyez sur les touches Shift+S (Maj+S) pour voir l'avant/après général.

Voici d'autres exemples de ce type de retouche.

4

Les déformations d'objectifs

Il arrive souvent que des photographies soient victimes de déformations. Par exemple quand vous photographiez avec un objectif grand-angle, et d'autant plus si vous le faites pointer vers le haut, les bâtiments se prennent pour la tour de Pise et rien ne va plus !
Même si on a l'habitude de voir ce défaut en photo, ce n'est pas du tout naturel. Je vais vous montrer comment y remédier si vous le souhaitez.

Voici une photo prise à la Défense. Elle est sous-exposée et comporte plusieurs déformations, car pour pouvoir cadrer tous les bâtiments j'avais utilisé un objectif grand-angle pointé vers le haut.

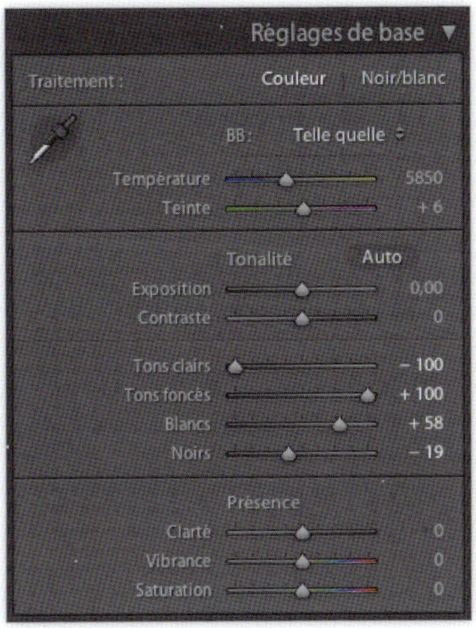

Étape 1 : Réglages de base

Dans cette étape, vous allez effectuer quelques réglages de développement que vous avez appris précédemment. Faites les quatre premières étapes habituelles :
Tons foncés à +100, Tons clairs à –100, Points blancs à +58 et Points noirs à –19.

Cette bonne vieille recette que l'on a déjà effectuée trois fois fonctionne dans 90 % de mes retouches.

La photo est encore un peu sombre, mais on a rééquilibré un petit peu les contrastes.

Modifiez à présent la balance des blancs : réglez BB sur Temps nuageux pour réchauffer un peu la photo ; il y avait un coucher de soleil sympa à la prise de vue, on voit bien un contraste entre le bleu et le rouge.

Fixez la Clarté à +32 pour lui donner un peu plus de punch.

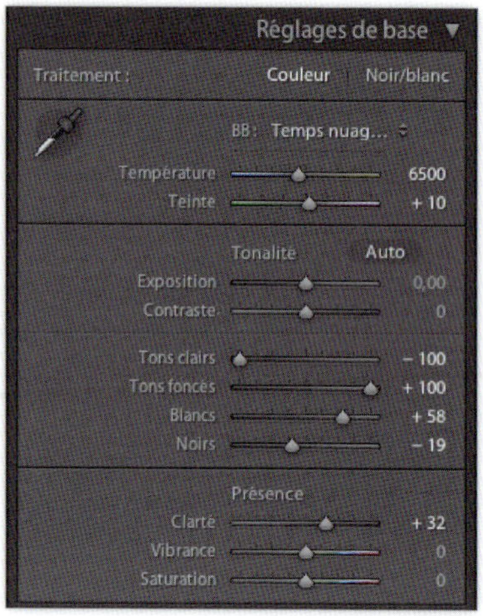

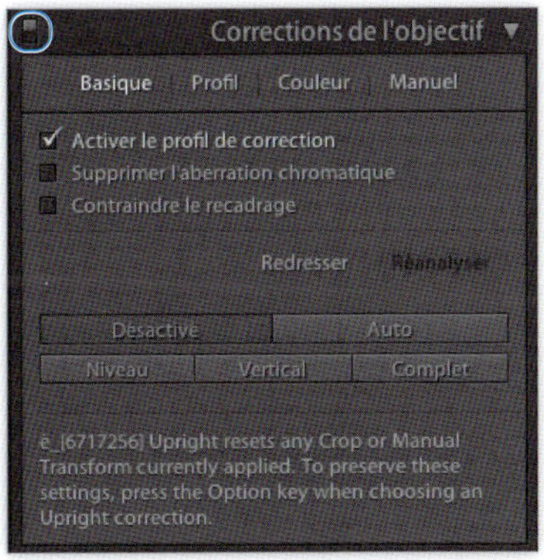

Étape 2 : Corrections de l'objectif

Allez dans le panneau Corrections de l'objectif.

Dans l'onglet Basique, cochez Activer le profil de correction. Les contours de la photo deviennent plus clairs, mais cela ne corrige pas les problèmes de perspectives.

Cliquez sur le petit rectangle noir et blanc à gauche du panneau pour visualiser l'avant/après, les corrections seront plus flagrantes sur votre écran.

Cochez Supprimer l'aberration chromatique. Sur cette photo, les lisérés rouges sont très légers, la correction est vraiment subtile. J'ai zoomé entre les tours pour vous la montrer.

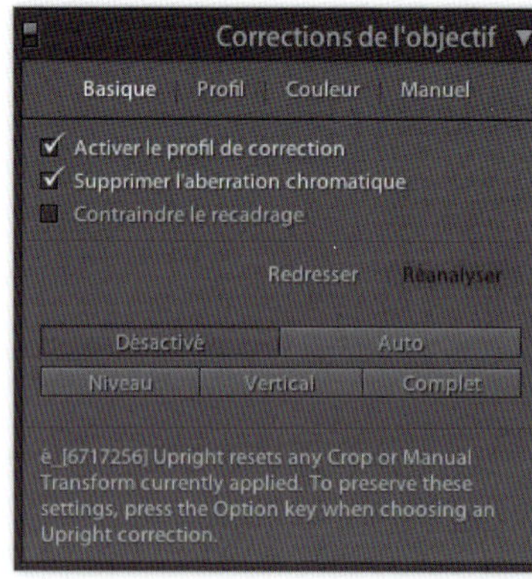

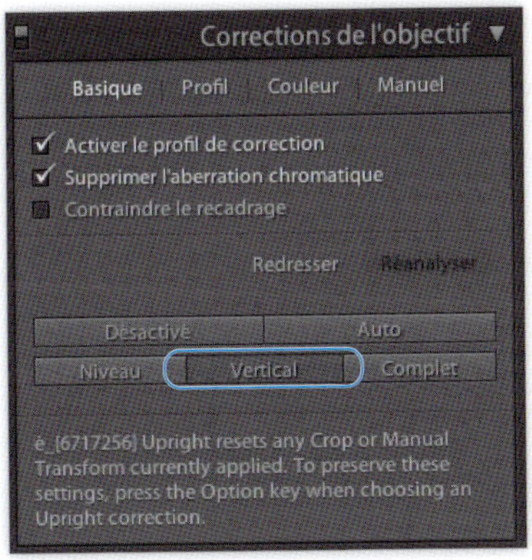

Et pour finir, vous allez utiliser l'outil Redresser en commençant par Auto. Vous pouvez bien sûr tester chaque réglage et utiliser celui qui convient le mieux à votre photo. Pour celle-ci, le réglage Vertical me convient : il étire un peu les bâtiments mais du coup, ils sont bien droits et cet étirement ne se remarque plus après le recadrage.

On obtient une grande différence, les bâtiments sont droits. Utilisez l'outil recadrage pour supprimer les zones blanches qui apparaissent en bas.

Si votre photo contient d'importantes déformations, ne cochez pas Contraindre le recadrage, mais faites-le manuellement comme nous venons de le faire. Dans le cas de cette photo, le recadrage automatique coupe tout le bas.

Pour utiliser le recadrage manuel, cliquez sur la première icône à gauche de la barre d'outils.

Un cadre s'affiche. Positionnez votre souris au milieu de la verticale droite de ce cadre et faites glisser cette dernière vers la gauche pour supprimer la zone blanche. Faites de même à gauche de la photo.

Une fois votre cadrage terminé, appuyez sur la touche Entrée de votre clavier.

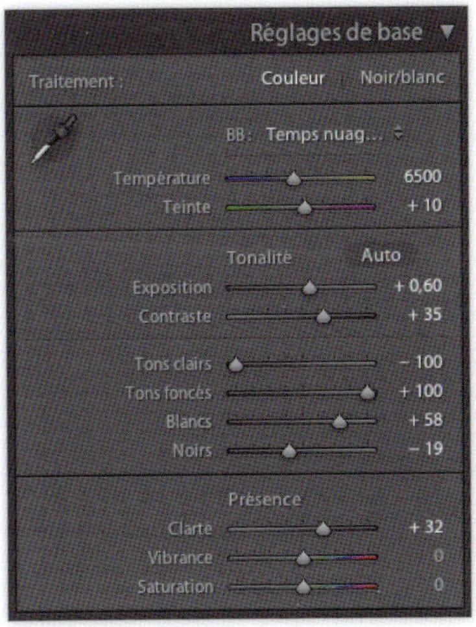

Étape 3 : Contraste

Retour dans le panneau Réglages de base ! Augmentez le contraste à +35, cela donne plus de punch à la photo et ça lui va bien !

Comme j'ai foncé un peu la photo à cause du contraste, je vais augmenter l'exposition à +0,60.

Les bâtiments sont bien, mais je trouve que le ciel est trop clair, alors je vais utiliser l'outil Filtre gradué.

ASTUCE

Les réglages Clarté et Contraste donnent des effets assez similaires à la photo, elle est plus nette, elle a plus de punch. La différence est que Contraste va augmenter un peu plus la saturation des couleurs (elles seront plus vives) et aussi l'assombrir. Clarté lui donnera une illusion de netteté améliorée, mais enlèvera un peu de couleur et éclaircira parfois la photo. Donc, deux manières différentes de rajouter un petit « plus » à votre photo, selon vos goûts et couleurs, qui bien sûr ne se discutent pas !

Étape 4 : Filtre gradué

Cliquez sur l'onglet Filtre gradué et réinitialisez les réglages (touche Alt du clavier et Réinitialiser, en haut à gauche).

Baissez l'exposition à environ –0,43.

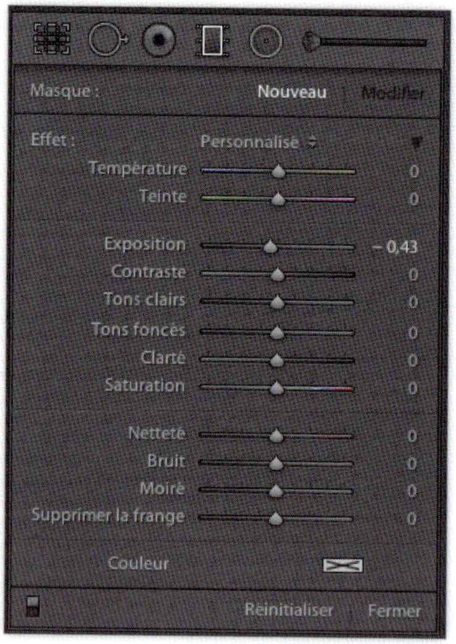

Appliquez le filtre sur la photo en partant du haut, comme indiqué sur cette capture d'écran.

Faites ensuite glisser la souris jusqu'à obtenir cette position.

Étape 5 : Filtre radial

Découvrons un nouvel outil de Lightroom 5 très puissant : le Filtre radial.

Cliquez sur l'onglet Filtre radial.

Vous avez ici tous les mêmes réglages de base que pour la Brosse ou le Filtre gradué, mais l'outil s'applique sous forme de cercle.

Cliquez sur le bâtiment de droite et faites légèrement glisser votre souris ; vous voyez alors un cercle se dessiner.

J'ai augmenté l'exposition à 0,91 (au hasard !) et vous voyez que ce réglage s'applique uniquement sur ce qui est à l'extérieur du cercle.

Si je souhaite que le réglage s'applique à l'intérieur du cercle, il faut inverser le masque en cochant l'option du même nom.

Baissez l'exposition à 0,65 pour atténuer l'effet.

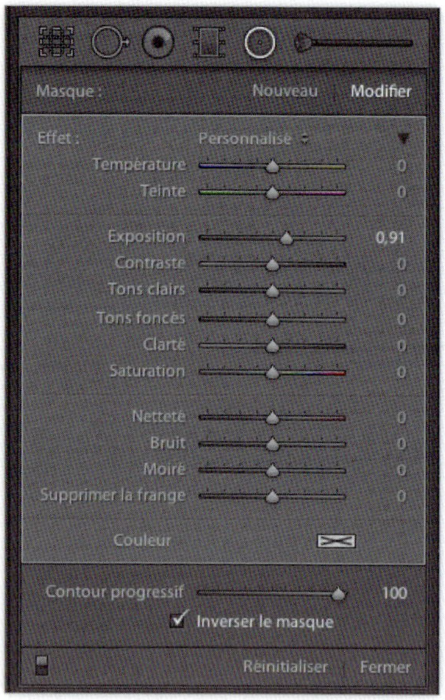

Ce qui est très pratique avec cet outil, c'est que vous pouvez déplacer le cercle où vous le souhaitez (cliquez à l'intérieur du cercle et faites-le glisser).

Vous pouvez aussi agrandir votre cercle en utilisant les repères blancs : cliquez dessus et faites glisser votre souris.

Si vous souhaitez appliquer le même Filtre radial sur différentes zones de la photo, vous pouvez le dupliquer et l'appliquer ! Génial, non ?

Sur votre clavier, appuyez sur Alt+Cmd (Ctrl+Alt sous Windows) tout en cliquant avec votre souris sur le point central de votre cercle et faites-le glisser ; vous disposez d'un second Filtre radial avec des réglages identiques, que vous pouvez appliquer sur un autre bâtiment.

Renouvelez l'opération pour un autre bâtiment, c'est très pratique et rapide. Le point central de chaque Filtre radial est représenté par une punaise blanche, comme pour les brosses.

Répétez l'opération pour ajouter un Filtre radial dans le bas de la photo, mais une fois le filtre dupliqué, réduisez-le pour une taille plus appropriée.

Je trouve que c'est encore plus sympa que la brosse pour obtenir ces effets lumineux.

Regardez l'avant/après pour visualiser le travail avec cet outil.

On a amené une lumière naturelle sur les bâtiments et je trouve cela tout à fait sympathique.

Étape 6 : Vignettage après recadrage

Déplacez le curseur Gain à –12, ainsi le bord de la photo est assombri, formant un cadre naturel qui fixe l'attention en son centre.

Pour voir un avant/après général sur votre écran, appuyez sur les touches Shift+S (Maj+S). Que de changements !

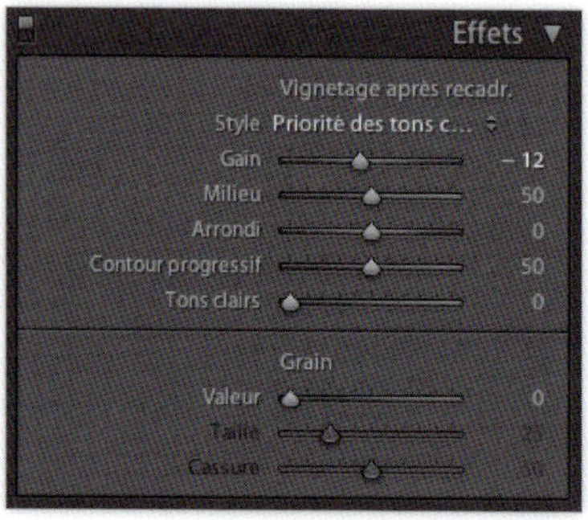

MOULIN ROUGE
DU

MOULIN ROUGE
DU

5

Réduction de bruit et amélioration du coucher de soleil

Bienvenue dans le Chapitre 5.

Dans ce chapitre, nous allons aborder plus en détail la notion de bruit et l'amélioration d'un coucher de soleil.

Comme d'habitude, j'ai pris une photo de paysage assez sombre, parce que j'étais face au soleil et dans ce cas, j'assombris ma photo en comptant sur la magie de Lightroom pour lui redonner justice.

Étape 1 : Réglages de base

Suivez les étapes habituelles :
Tons foncés à +100 pour ouvrir les zones d'ombres, Tons clairs à –100 pour faire ressortir les tons clairs, Points blancs à +53 et Points noirs à –25.
Voici une photo un peu plus équilibrée, mais tout de même trop sombre, alors je vais augmenter l'Exposition à 0,70.

Étape 2 : Balance des blancs

J'aime avoir un contraste entre le ciel bleu et le coucher de soleil.
Dans un premier temps, je sélectionne BB : Couleur naturelle, puis pour augmenter le contraste, je glisse le curseur Température vers la gauche à 5050 et le curseur Teinte vers la droite à +14.
J'ai commencé avec Lumière naturelle et je finis avec Personnaliser. La raison est que je veux à nouveau donner du contraste entre un ciel bleu et un soleil rouge !

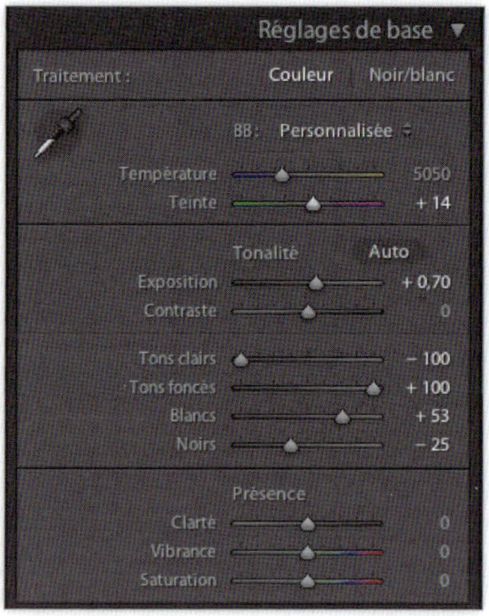

Étape 3 : Filtre gradué

Cliquez sur l'icône Filtre gradué et réinitialisez les réglages.
Baissez l'Exposition à –0,51 et appliquez le filtre en cliquant à peu près au milieu du ciel et tout en maintenant le bouton de votre souris enfoncé, faites-la glisser de sorte que le ciel soit entièrement recouvert, voire un peu plus.

On a récupéré du détail dans le ciel ! C'est magnifique !

Étape 4 : Brosse

Au lieu de brosser la lumière comme nous l'avons fait jusqu'à présent, nous allons brosser de la couleur. Comme vous pouvez le voir sur le panneau Brosse, plusieurs outils de réglage sont à notre disposition et pas seulement l'outil Exposition, avec lequel nous avons travaillé jusqu'à maintenant. Réinitialisez les réglages.
Fixez la température et la teinte à +30 : cela réchauffe votre brosse.

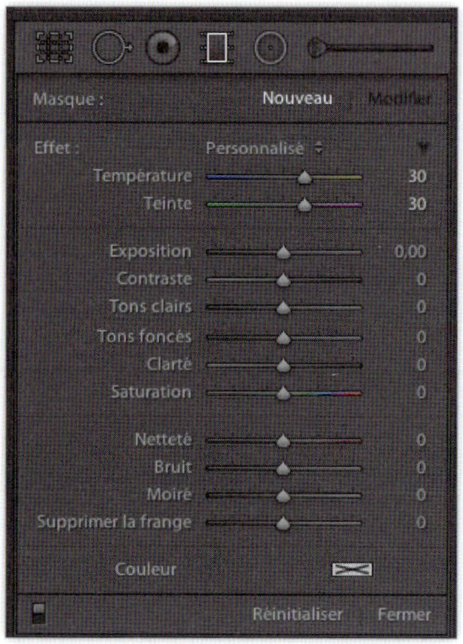

Agrandissez votre brosse afin qu'elle soit d'une taille suffisante pour couvrir tout le bas du ciel ; une taille de 30 me paraît correcte.
Passez la brosse sur le bas du ciel : vous avez réchauffé ce dernier, de sorte que votre coucher de soleil réapparaît comme il se doit.

Créez une nouvelle brosse et augmentez encore la température et la teinte à +47. Diminuez votre brosse à environ 22 et cliquez autour du soleil, uniquement pour sa couleur ; là, on a un vrai contraste entre notre ciel bleu et le coucher de soleil.

Étape 5 : Corrections de l'objectif

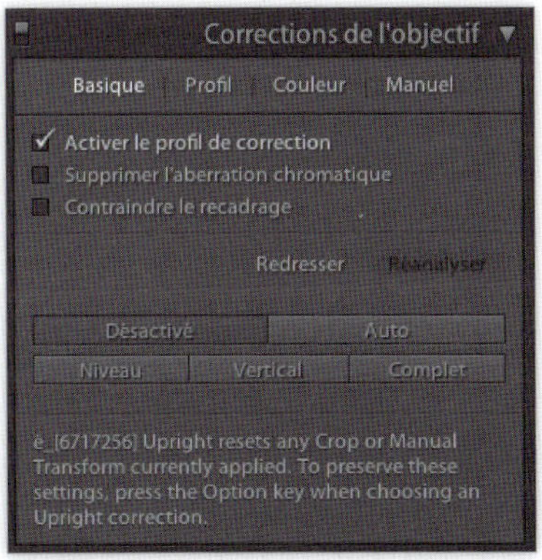

Allez dans le panneau Correction de l'objectif.
Dans l'onglet Basique, cochez Activer le profil de correction. Lightroom détecte une fois de plus que j'ai utilisé mon objectif Canon EF 17-40 et effectue sa correction automatique. Les contours de la photo deviennent plus clairs.

Cochez Supprimer l'aberration chromatique.

Quand vous faites une prise de vue face au soleil, vous voyez de l'aberration chromatique ; ici, vous voyez des liserés rouges le long des arbres, qui s'atténuent lorsque vous cochez Supprimer l'aberration chromatique.

Étape 6 : Netteté et bruit

Zoomez sur la photographie (en cliquant dessus) : vous voyez qu'elle a beaucoup de bruit, comme une texture granuleuse, parce que la scène était vraiment sombre au départ.

Si vous zoomez sur l'herbe, vous pouvez observer de tout petits points de couleurs : on appelle cela du « bruit chromatique ».

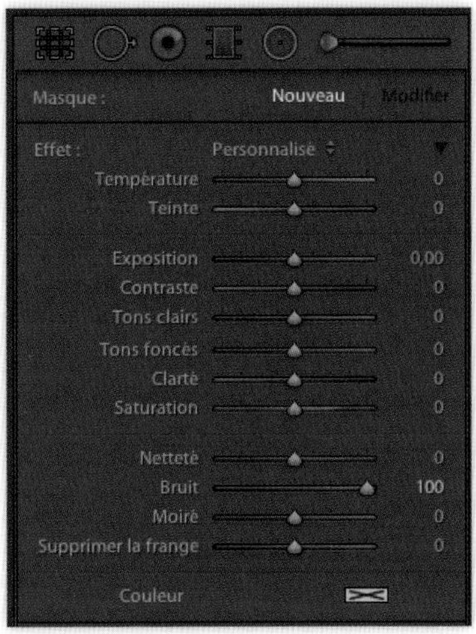

Pour y remédier, faites glisser le curseur Couleur vers la droite, jusqu'à 100.

Le bruit est vraiment atténué en grande partie, mais sur le bas de la photo, il y a une zone d'ombre très sombre qui reste très bruitée, surtout dans le coin à droite.

Pour atténuer ce bruit restant, utilisons la magie de l'outil Brosse, qui va nous permettre de peindre de « l'anti-bruit ». Cliquez sur l'icône de l'outil Brosse, réinitialisez les réglages. Faites glisser le curseur Bruit vers la droite jusqu'à +100.
Ajustez la taille de la brosse, à environ 30.
Passez la brosse sur le bas de la photo ; le premier plan devient légèrement flou, mais je préfère flouter légèrement ma photo plutôt que de garder du bruit.
Appuyez sur la barre d'espace pour prendre la main et vous déplacer sur la photo si besoin.

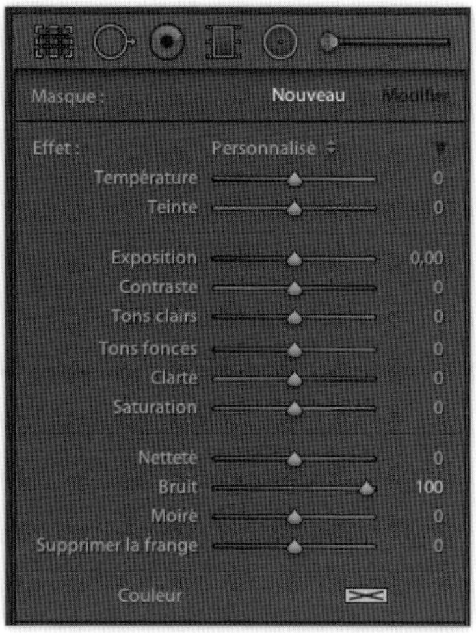

Un grand tirage devient possible quand le bruit a été traité.
Pour finir, nous allons régler la Netteté à +60 pour redonner de la netteté à la photo, que tous les traitements « anti-bruit » ont tout de même rendue un peu floue.

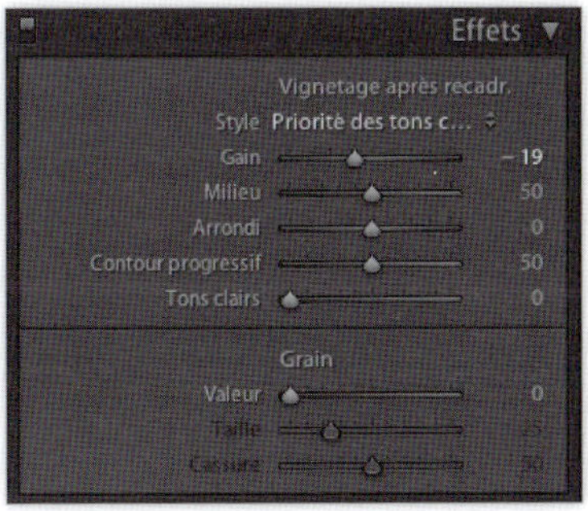

Étape 7 : Le vignettage

Dernière étape, ajoutez le vignettage qui va assombrir les bords de la photo et créer un cadre naturel.
Faites glisser le curseur Gain du panneau Effets à –19.

Appuyez sur les touches Shift+S (Maj+S) pour voir l'avant/après général.

6

Les filtres gradués et les brosses

Dans ce chapitre, nous allons retoucher une photo qui a été prise avec un Filtre ND. Ce dernier empêche la lumière de rentrer dans l'appareil et provoque de longs temps d'exposition ; il a tendance à enlever les couleurs et à donner un rendu magenta à la photo. L'exercice est de redonner justice à ce coucher de soleil qui était magnifique à Santa Monica, Los Angeles, et je vais vous expliquer comment faire.

Appuyez une première fois sur la lettre I de votre clavier et les informations concernant votre photo s'affichent en haut à gauche (la date et l'heure de la prise de vue ainsi que la taille de la photo).

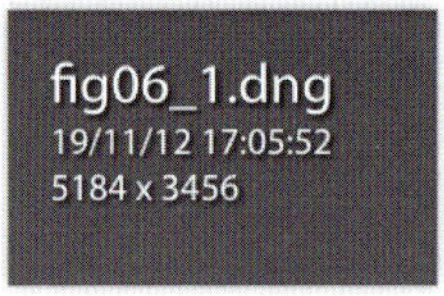

Appuyez une deuxième fois sur la lettre I de votre clavier, des informations supplémentaires s'affichent (vitesse, ouverture de diaphragme, ISO et mesure de l'objectif) ; la vitesse est à 20 secondes, c'est très long. Voilà pourquoi la mer est douce et les nuages étirés. La photo a une dominante magenta à cause du filtre. Même si elle est sympa comme cela, nous allons lui redonner des couleurs !

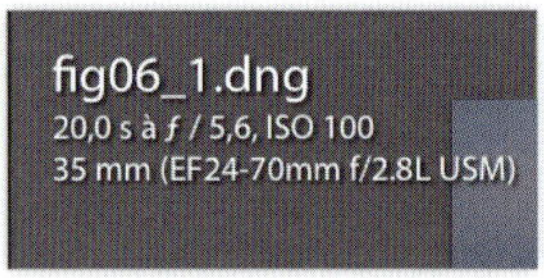

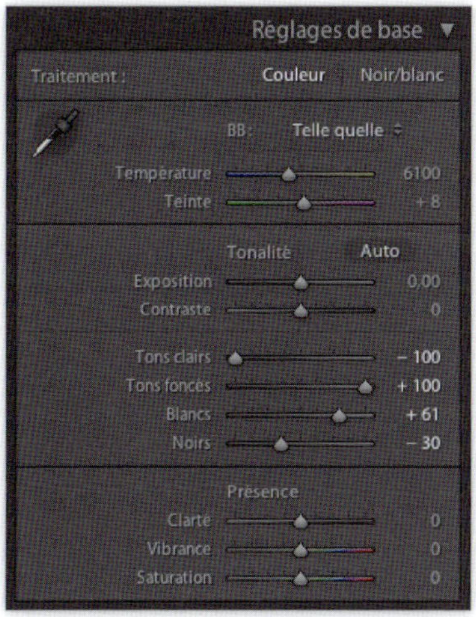

Étape 1 : Réglages de base

Comme à mon habitude, j'ai un grand manque d'originalité sur le début de mes retouches !
Réglez les Tons foncés à +100, les Tons clairs à –100, les Points blancs à +61 (je n'ai pas poussé le curseur jusqu'à l'apparition de points blancs, sinon la photo serait trop claire) et les Points noirs à –30.

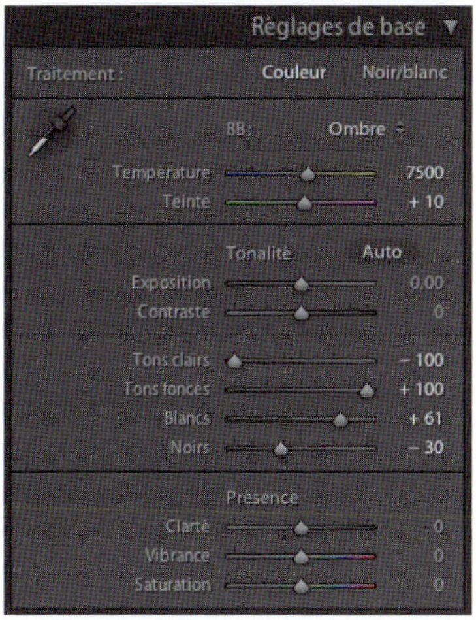

Étape 2 : Balance des blancs

Modifiez la balance des blancs : réglez BB sur Ombre, c'est ce qui est le plus approprié pour un coucher de soleil.

Nous avons atténué la teinte de couleur magenta, mais elle est encore très présente et ce n'est pas respectueux des couleurs du moment. Nous allons donc poursuivre la retouche afin de rétablir les couleurs naturelles.

Étape 3 : Recadrage

Nous allons modifier le cadrage en commençant par un redressement de la photo.
Cliquez sur l'icône Recadrage en haut à gauche : votre panneau Recadrage et l'option Redresser s'affiche.

Cliquez sur l'icône Angle.

Comme cette photo a une ligne d'horizon, nous allons l'utiliser comme repère.
Cliquez sur la ligne d'horizon à droite et sans relâcher le bouton de la souris, faites-la glisser vers la gauche ; une ligne blanche vous oriente. Cliquez à l'opposé de cette ligne d'horizon et le redressage est fait.

Nous allons donner un look panoramique à la photo en poursuivant le recadrage. À l'aide de votre souris, déplacez les lignes horizontales en haut et en bas pour obtenir ce résultat.

Étape 4 : Filtre gradué

Cliquez sur l'onglet Filtre gradué et réinitialisez les réglages (touche Alt du clavier et Réinitialiser, en haut à gauche).
Je veux ajouter du bleu dans le ciel, alors je règle ma température vers –30 et j'applique le filtre sur le haut de la photo.

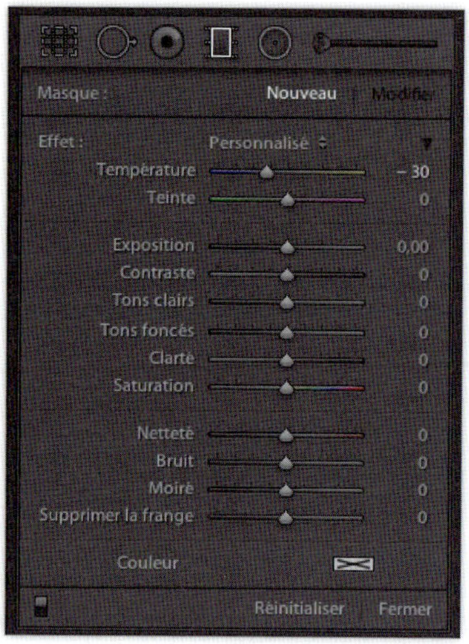

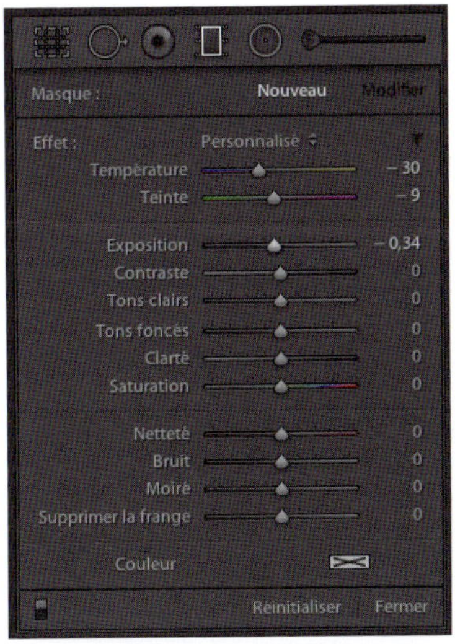

Nous allons combiner d'autres réglages, sur le même Filtre gradué, afin d'améliorer les contrastes dans le ciel.
Réglez l'Exposition vers –0,30, ce qui assombrit le ciel, et la Teinte à –9 afin d'enlever de nouveau du magenta.

Étape 5 : Brosse

Nous allons utiliser la même technique que sur la photo précédente pour récupérer les couleurs du coucher de soleil.
Cliquez sur l'onglet de l'outil Brosse et réinitialisez les réglages.
Réglez la Température et la Teinte à +30, ce sont des valeurs chaudes et comme je veux que mon brossage soit subtil, je laisse le contour progressif à 100 (ce qui permet de ne pas remarquer les passages de brosse), mais je modifie le Débit et la Densité à 90 pour ajouter plus subtilement de la chaleur à la photo. Le rajout de couleur sera moins prononcé.

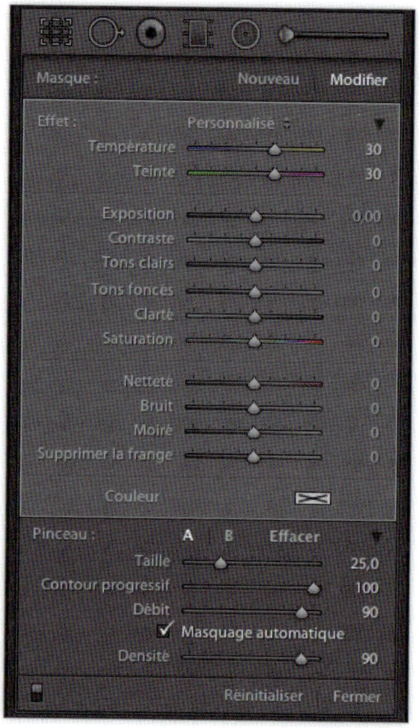

Appliquez la brosse sur le bas du ciel.

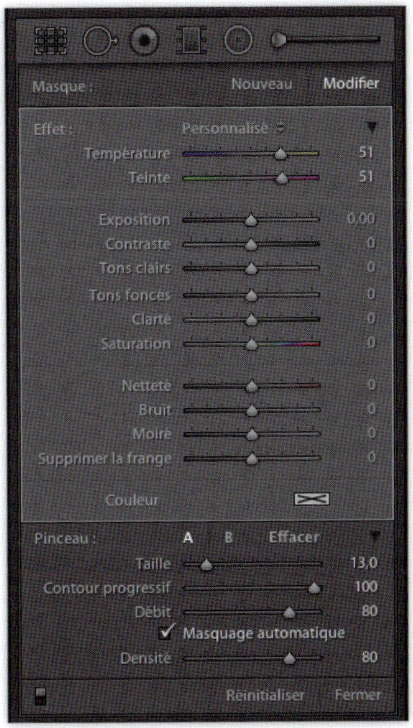

Cliquez sur Nouveau pour créer une nouvelle brosse.

Augmentez la Température et la Teinte à 51, modifiez le Débit et la Densité à 80, le coup de brosse en sera d'autant plus subtil. Eh oui, tout est une question de dosage, même si personnellement j'ai parfois du mal à m'arrêter.

Je réduis un peu la taille de ma brosse et j'ajoute de la couleur pour réchauffer le centre.

Nous allons éclaircir certaines parties de la photo.
Troisième brosse ! Cliquez sur Nouveau, mettez Température et Teinte à zéro en double-cliquant sur chacun des curseurs.
Augmentez l'Exposition vers +0,43 et réglez la Saturation à +70 environ.
Cela permet d'éclaircir et de saturer le bâtiment principal.

Regardez l'avant/après nos trois brosses. Cela fait une sacrée différence.

Fermez l'outil Brosse.

Étape 6 : TSL

Je voudrais changer un peu les teintes de ma photo, alors nous allons dans un nouveau panneau appelé TSL (Teinte/Saturation/Luminance).

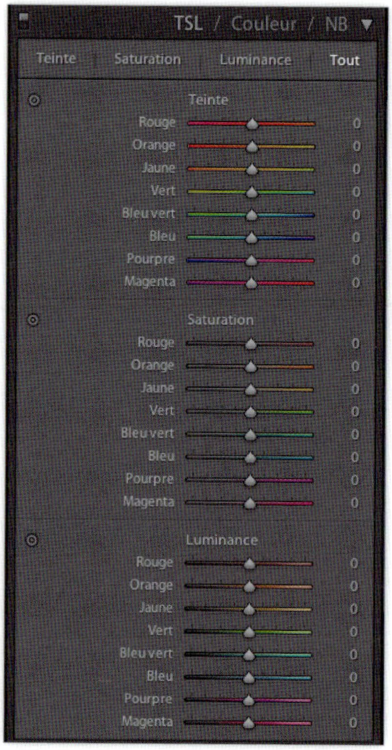

Vous pouvez afficher tous les tableaux en même temps en cliquant sur Tous à droite ou individuellement en cliquant sur l'un des onglets Teinte, Saturation ou Luminance.

Chaque panneau a les mêmes couleurs de base.

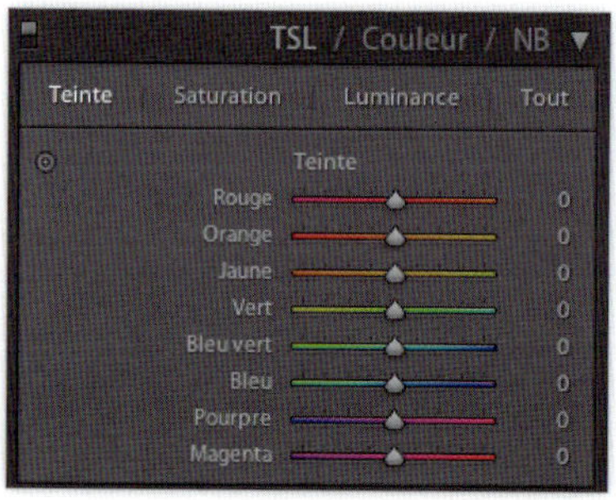

Le premier panneau, Teinte, va altérer les couleurs : si vous déplacez le curseur Rouge vers la gauche, le rouge contenu dans la photo devient plus rouge.

En revanche, si vous le déplacez vers la droite, vous obtenez des tons plus orangés.

Faites la même expérience en déplaçant le curseur Orange : vers la gauche, la couleur orange contenue dans la photo devient rouge.

Vers la droite, vous obtenez des tons jaunes, voire verdâtres si vous poussez le curseur complètement à droite. Chaque curseur modifie la couleur.

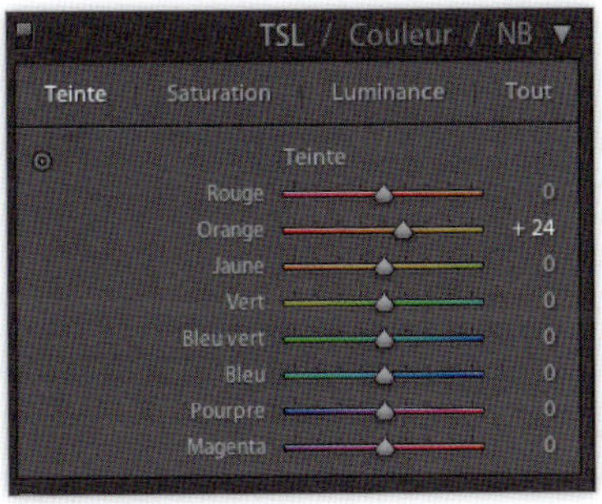

Ce réglage est différent selon la photo. Pour cette photo, je choisis de modifier la couleur Orange en déplaçant le curseur vers la droite à +24 pour rajouter du jaune.

Le deuxième panneau, Saturation, ne va pas altérer les couleurs mais les renforcer, les rendre plus vives.
Par exemple, si vous déplacez le curseur Rouge vers la droite, le rouge présent devient plus vif, mais il n'y a pas beaucoup de rouge ici.

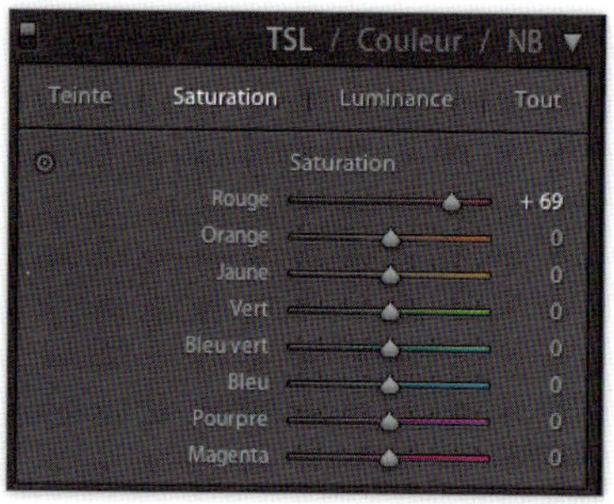

Faites l'expérience avec le curseur Orange vers la droite : les oranges sont tellement vifs qu'ils tirent sur le jaune.

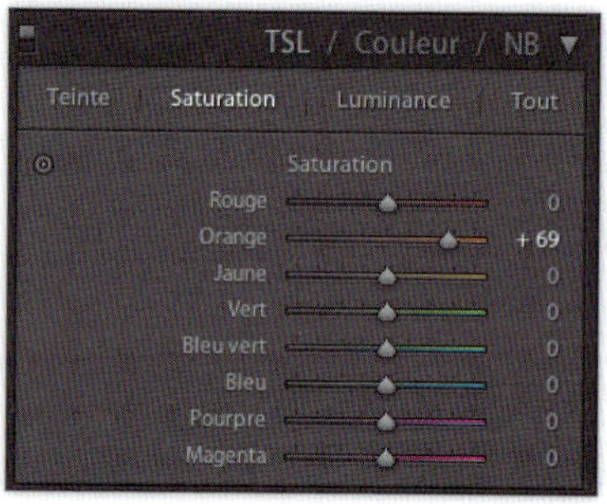

Puis vers la gauche, la couleur est désaturée.

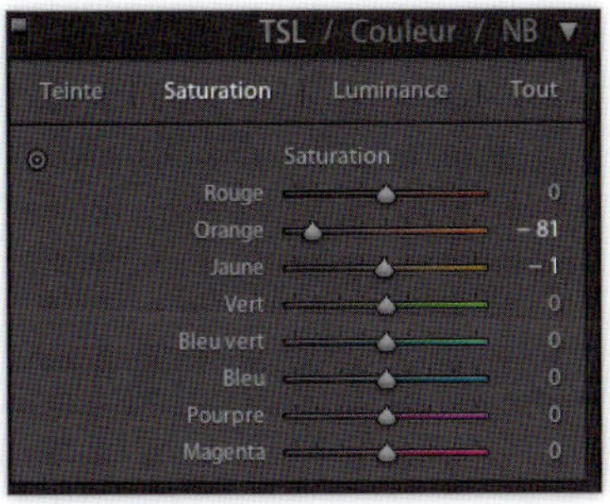

Pour cette photo, je choisis de déplacer le curseur Orange à +36.

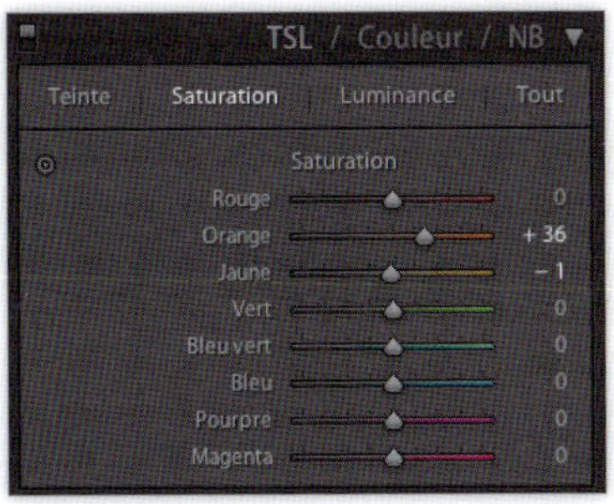

Le troisième panneau, Luminance, permet de foncer ou d'éclaircir les couleurs. Vers la gauche, vous les foncez (ici, le curseur Rouge).

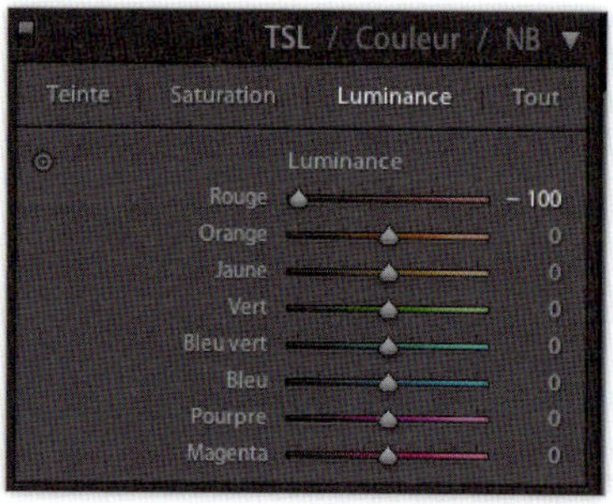

Et vers la droite, vous les éclaircissez.

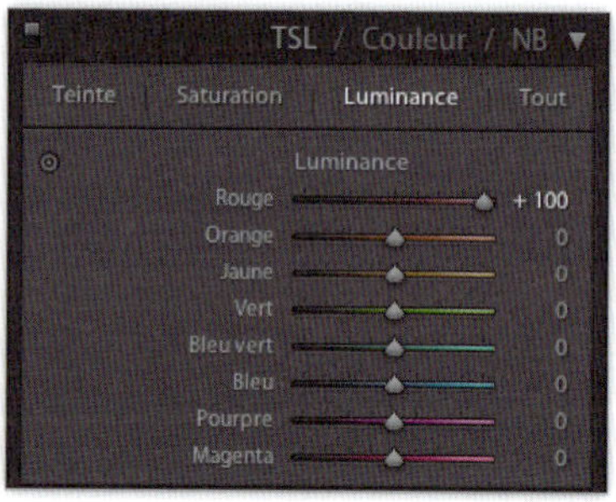

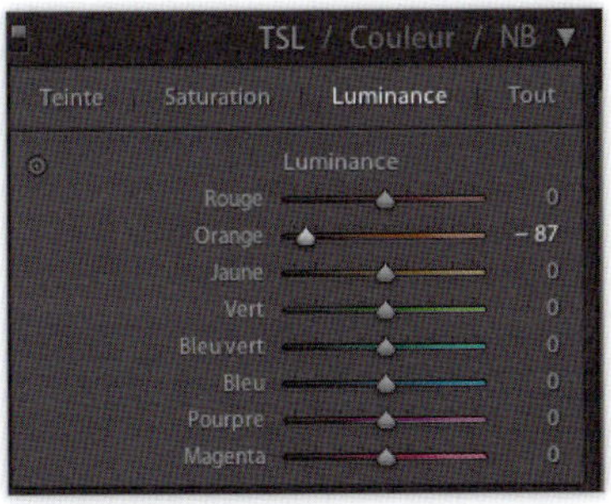

De même avec le curseur Orange vers la gauche.

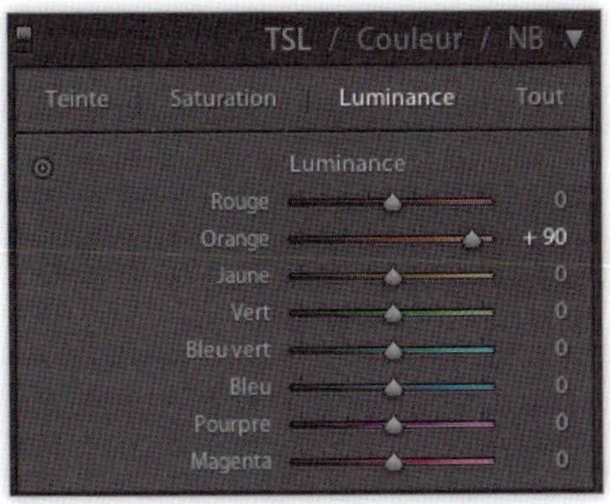

Et le curseur Orange vers la droite.

Cela vous donne une idée sur ce réglage, mais comme je suis déjà satisfait de ce que j'ai modifié sur les couleurs, je ne vais pas l'utiliser sur cette photo.

Étape 7 : Clarté

De retour dans les Réglages de base. Déplacez le curseur Clarté à +48.

Habituellement, j'effectue ce réglage au début de ma retouche, mais il n'y a pas vraiment d'ordre à respecter. Lorsque vous retouchez votre photo, vous pouvez décider de ne pas modifier un réglage, puis finalement changer d'avis et revenir sur les réglages que vous souhaitez, car votre développement de la photo évolue. Comme ici : je trouve que ma photo est devenue un peu trop sombre, alors je vais modifier l'Exposition.

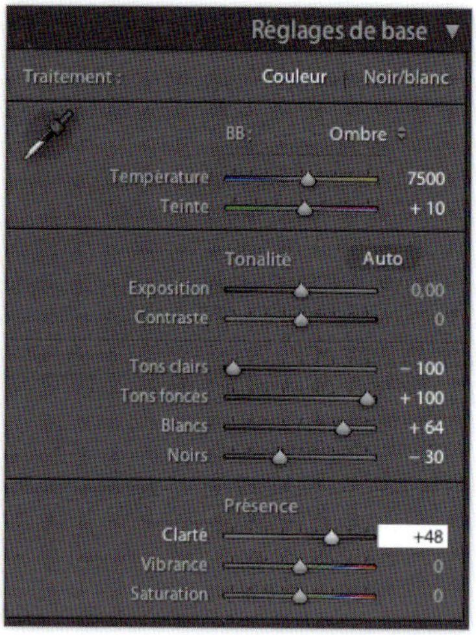

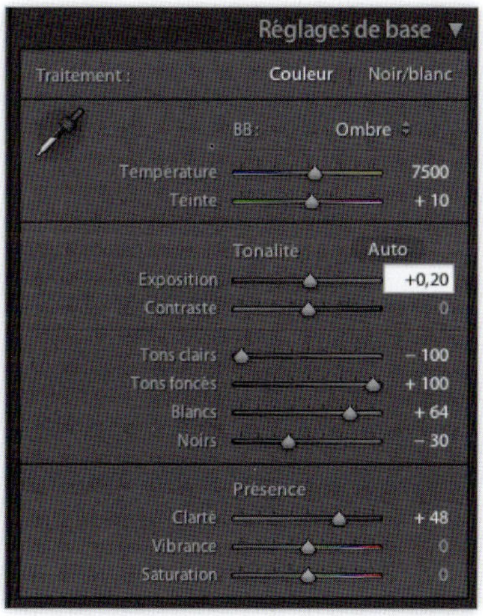

Étape 8 : Exposition

Déplacez le curseur Exposition à +0,20, pour éclaircir un petit peu la photo.

Étape 9 : Vibrance

Je veux accentuer mon coucher de soleil. Pour cela, déplacez le curseur Vibrance à +25 : les couleurs sont un peu plus vives, on se rapproche du coucher de soleil qui m'est cher.

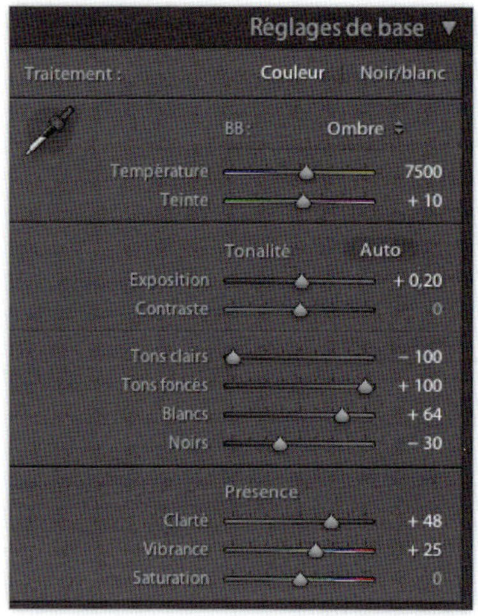

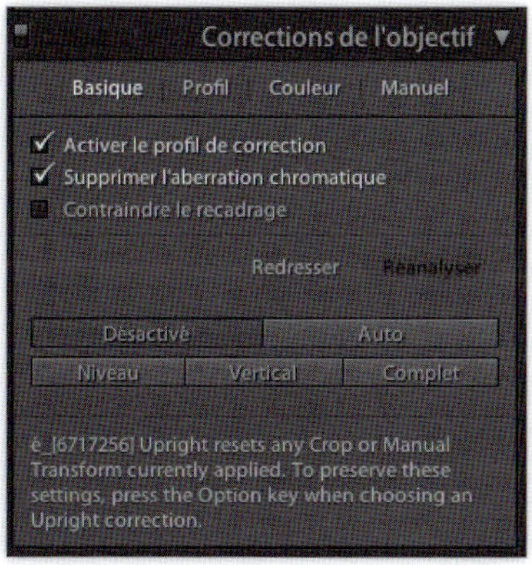

Étape 10 : Correction de l'objectif

Cliquez sur l'onglet Basique, cochez Activer le profil de correction. Contrairement aux chapitres précédents, il y a moins de correction lorsque vous cochez cette case, parce que j'ai utilisé un autre objectif, un 24-70, qui est moins grand-angle que le précédent et plus qualitatif : il crée moins de défauts.
Cochez Supprimer l'aberration chromatique, cela supprimera les petits lisérés de couleur s'il y en a.

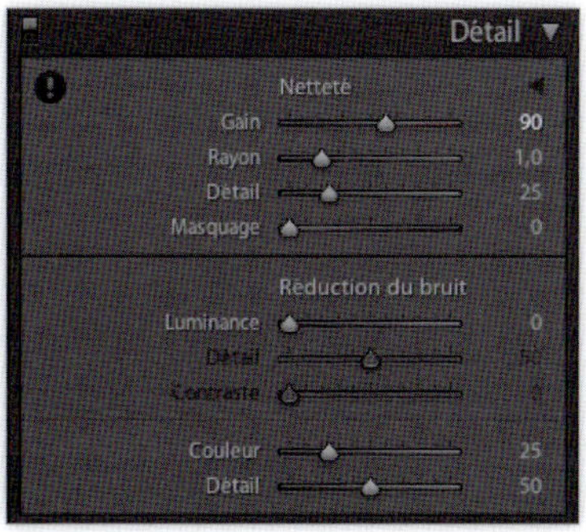

Étape 11 : Netteté et bruit

Allez sur le panneau Détail.
Comme il y a peu de bruit, réglez le curseur Gain à 90 ; quand j'ai une photo très bruitée, je le règle vers 60.
Le ciel est devenu plus granuleux.

INFO

La netteté accentue toujours le bruit.

Pour remédier au fait que la netteté accentue toujours le bruit, appuyez sur la touche Alt de votre clavier tout en déplaçant le curseur Masquage vers la droite, jusqu'à ce que le ciel devienne noir. Tout ce qui est noir ne sera pas affecté par la netteté. L'idée est d'accentuer les contours, pas le bruit qui se cache dans le ciel !

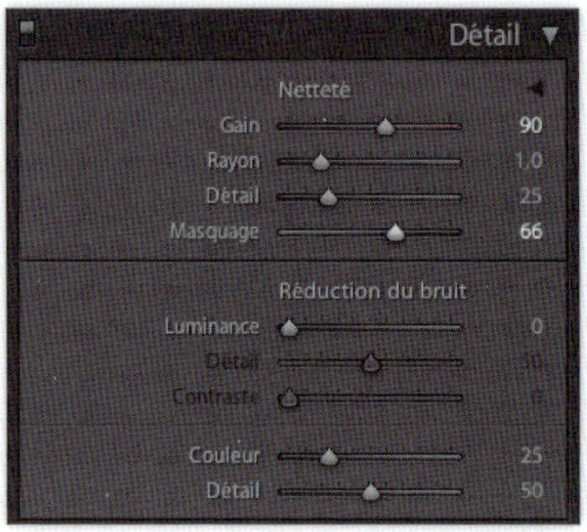

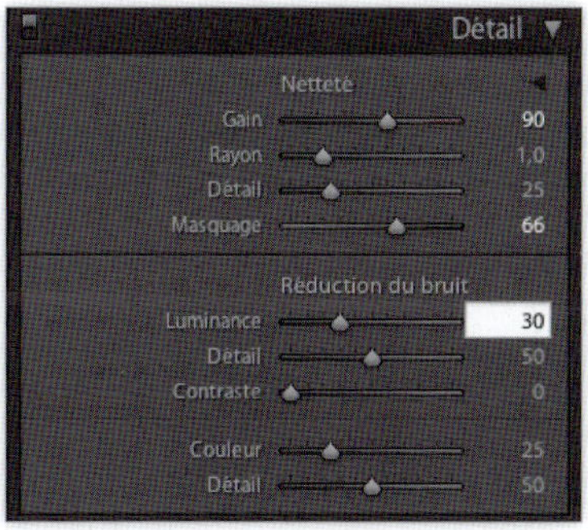

Nous n'avons pas encore enlevé le bruit, mais c'est déjà mieux. Maintenant, déplacez le curseur Luminance à 30. Le bruit est atténué et cela me suffit, il faut savoir bien doser ce réglage.

Étape 12 : Vignettage

Allez sur le panneau Effets, déplacez le curseur Gain à –12.

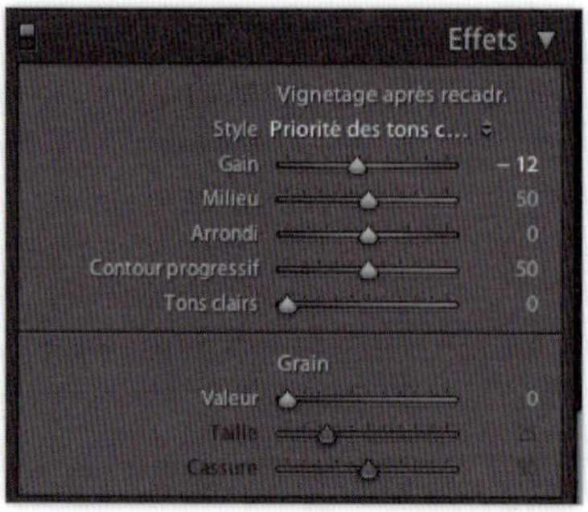

Normalement, c'est ma dernière étape, mais je décide de poursuivre, car l'image manque de contraste à mon goût.

Étape 13 : Contraste

Dans le panneau Réglages de base, réglez le curseur Contraste à +30, cela donne plus de punch à l'image et rajoute un poil de saturation en plus.

Étape 14 : Filtre radial

Je décide d'appliquer un Filtre radial sur le ponton, car je trouve que l'éclairage est trop uniforme.
Cliquez sur l'onglet Filtre radial et réinitialisez les réglages.
Puis appliquez le filtre sur le ponton, cliquez sur la photo et faites glisser votre souris pour obtenir un cercle.

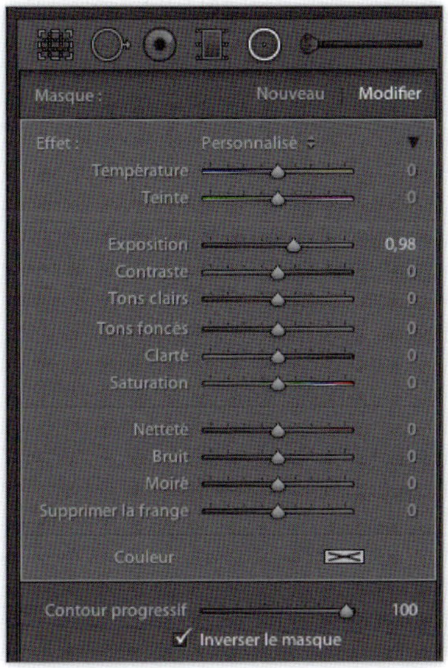

Réglez le curseur Exposition vers 0,98. Cochez Inverser le masque, en bas du panneau.

Puis dupliquez ce masque en appuyant sur les touches Alt et Cmd (Ctrl sous Windows) en même temps et faites glisser la souris où vous souhaitez appliquer le second cercle. Réduisez ce dernier.

Je vois que l'Exposition est trop claire pour ce cercle, aussi je la baisse à 0,65.

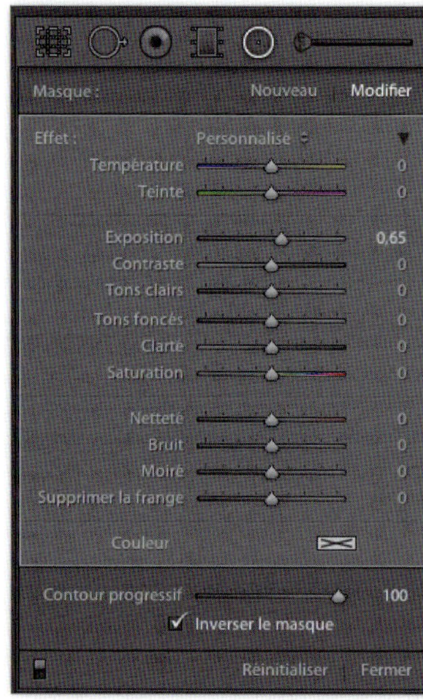

Enfin, dupliquez à nouveau le dernier cercle en appuyant sur les touches Alt et Cmd (Ctrl sous Windows), et positionnez-le en partie sur la maison ; déterminez si vous devez augmenter ou baisser l'Exposition, moi je décide de l'augmenter à 0,82.

Et voici l'avant/après Filtre radial.

Et voici l'avant/après final :

7

Le noir et blanc artistique

Lorsque vous n'êtes pas satisfait de la couleur d'une de vos photographies, il peut être intéressant d'opter pour un noir et blanc artistique.

Je revendique le terme artistique parce que la conversion que je vais vous montrer demande un travail d'artiste – il ne s'agit pas de simples réglages. On communique vraiment son *feeling*, sa vision artistique de la photo.

Le grand photographe de noir et blanc Ansel Adams, qui faisait des paysages et était très connu dans les années 1940-1950, avait toute une équipe de gens qui travaillaient avec lui et qui s'amusaient sur ces noirs et blancs, avec des techniques très comparables à ce que je vais vous montrer ici à éclaircir ou assombrir certaines parties de l'image pour guider l'œil et pour donner plus de texture et plus de complexité dans la lumière de la photo. C'est quelque chose que Lightroom n'a pas inventé, car cela existe depuis plus d'un siècle dans le noir et blanc et je vais vous montrer comment on l'utilise aujourd'hui.

J'ai pris cette photo pose longue du pont Neuf alors qu'il pleuvait. La couleur est vraiment très moche.

Appuyez une première fois sur la lettre I de votre clavier et les informations concernant votre photo s'affichent en haut à gauche (son nom, la date et l'heure de la prise de vue ainsi que la taille de la photo).

Appuyez une deuxième fois sur la lettre I de votre clavier, des informations supplémentaires s'affichent : la vitesse est à 40 secondes, l'ouverture à f/22 et l'ISO à 100. Tout cela grâce à un Filtre ND qu'on met sur l'objectif, qui empêche la lumière de rentrer et force le temps d'exposition, en l'occurrence 40 secondes. Cela donne un effet de soie sur la Seine et les nuages sont un peu étirés.

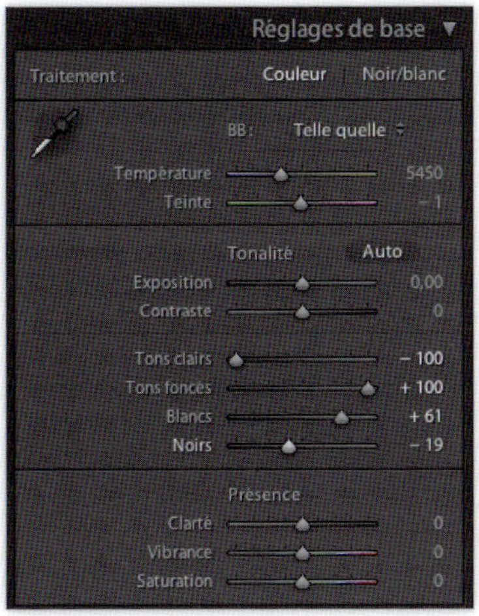

Étape 1 : Réglages de base

Réglez les Tons foncés à +100, les Tons clairs à –100, les Points blancs à +61 (je n'ai pas poussé le curseur jusqu'à l'apparition de points blancs, sinon la photo serait trop claire) et Points noirs à –30.

Tout cela pour donner plus de densité à la photo.

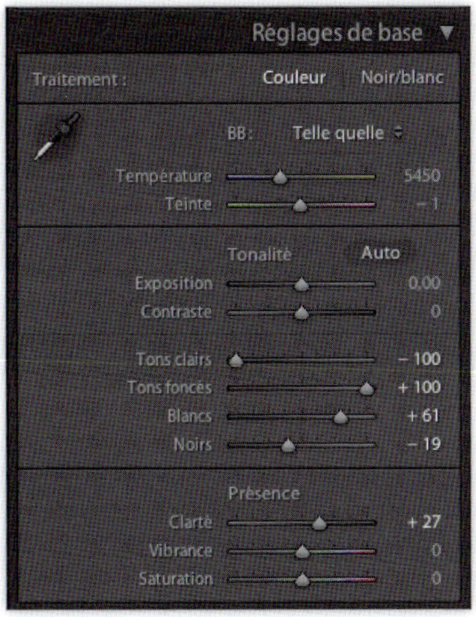

Étape 2 : Clarté

Comme nous faisons du noir et blanc, nous n'allons pas nous occuper de la balance des blancs, puisque nous allons enlever toutes les informations de couleurs ; mais avant de faire la conversion, je vais augmenter la clarté à +27.

Étape 3 : Conversion de noir et blanc

Pour commencer cette étape, cliquez sur l'onglet Noir/Blanc, en haut à droite du panneau Réglages de base.

Votre photo est convertie en noir et blanc.

Étape 4 : TSL

Cliquez sur l'onglet NB : le panneau Mélange noir et blanc s'affiche avec des réglages par défaut, qui sont pas mal la plupart du temps, mais vous pouvez toujours tester les différents réglages. Comme je sais que j'ai du jaune dans ma photo d'origine, je vais déplacer le curseur Jaune pour vous montrer les possibilités.
Je déplace donc le curseur Jaune vers la droite, et tous les jaunes s'éclaircissent.

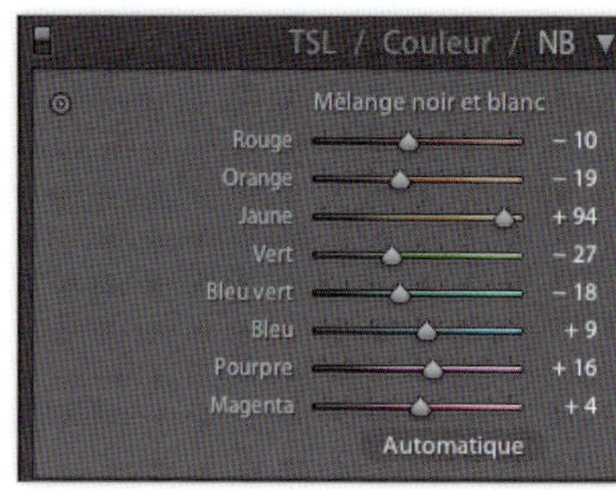

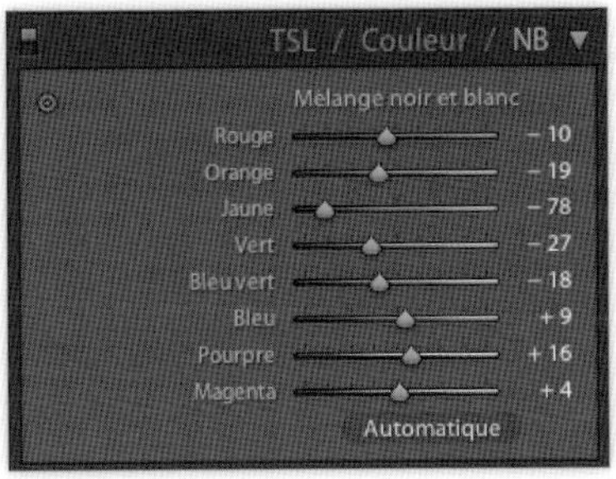

Si je le déplace vers la gauche, tous les jaunes d'origine vont foncer.

Vous pouvez déplacer chaque curseur de couleur pour tester le résultat sur votre photo ou utiliser le réglage direct par glissement de souris.
Pour ce dernier, cliquez sur la petite icône à gauche du panneau.

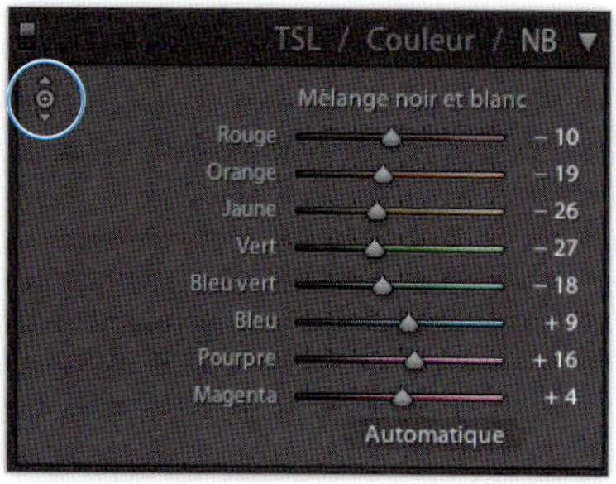

Cliquez par exemple sur le pont, et maintenez le bouton de la souris enfoncé.

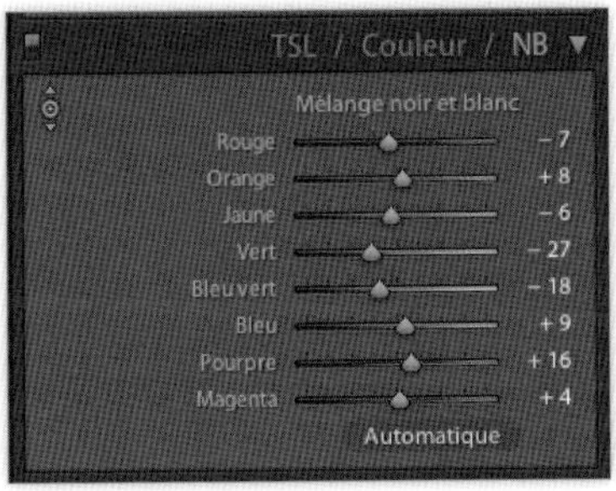

Faites glisser la souris vers le haut (tout s'éclaircit, cela modifie la position des curseurs de couleur automatiquement) et vers le bas (tout s'assombrit).
Pour cette retouche, je décide de régler les oranges à +8 et les jaunes à –6 ; ce n'est pas avec ces réglages que l'on va créer un noir et blanc artistique, mais je veux que vous sachiez que ce tableau peut vous aider à améliorer le contraste pour certaines photos.

Nous allons continuer le développement du noir et blanc avec les outils tels que la Brosse ou les filtres, qui sont beaucoup plus puissants pour donner un aspect artistique à notre photo.

Étape 5 : Suppression des défauts en utilisant la prévisualisation

Il y a des taches de capteur sur cette photo, comme vous pouvez le voir dans le ciel.

On va commencer par les nettoyer grâce à l'outil Suppression des défauts.

Dans Lightroom 5, une option permet de bien visualiser les taches qui sont parfois difficiles à voir.
Sous la photo, vous avez un nouveau réglage, Afficher les tons directs, qui permet de transformer votre photo en une sorte de négatif sur lequel les taches deviennent plus visibles.
Cochez cette case et faites glisser le curseur un peu à droite.

On voit très nettement les taches de capteur.
J'applique le pinceau de mon outil Supprimer les défauts sur chaque tache et elles disparaissent.

Ce nouveau réglage est très important, car il vous permet de ne pas manquer d'effacer une tache qui serait une mauvaise surprise sur un grand tirage.

Étape 6 : Brosse

Cliquez sur l'outil Brosse et réinitialisez vos réglages.
Pour ma première brosse, je décide de régler l'exposition à –0,65 avec un Débit et une Densité de 80 environ.

Passez la brosse sur certaines parties du ciel.

Cliquez sur Nouveau pour une nouvelle brosse, réglez l'exposition à +0,65, puis baissez le Débit et la Densité à 70.
Réduisez la taille de votre brosse avec la molette de votre souris ou avec le curseur Taille à environ 10.
Passez la brosse partout où il y a des nuages clairs, ce qui va accentuer le côté pose longue de la photo.

Ensuite, créez une nouvelle brosse en cliquant sur Nouveau.
Gardez les mêmes réglages, mais appliquez la brosse sur l'eau pour éclaircir certaines parties.

Avant les coups de brosse.

Après les coups de brosse.

Fermez l'outil Brosse.

Étape 7 : Filtre radial

Cliquez sur l'icône Filtre radial. Réglez l'Exposition à +0,65.

Cliquez sur Inverser le masque et appliquez le filtre comme ceci.

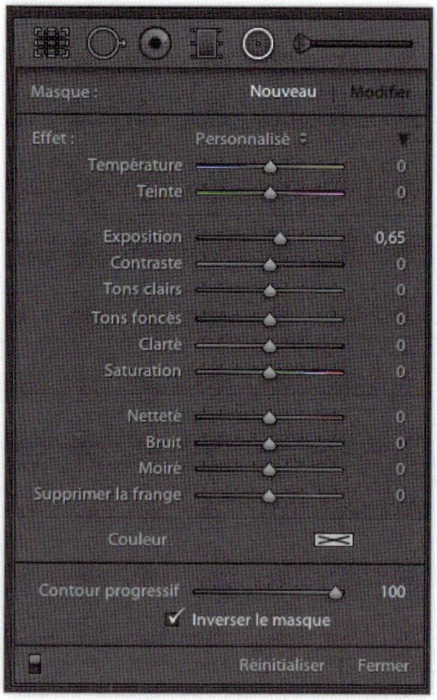

Dupliquez votre cercle (Alt+Cmd, ou Alt+Ctrl sous Windows), faites-le glisser sur l'immeuble voisin et diminuez un peu sa taille.

Puis dupliquez ce dernier cercle et appliquez-le sur le premier pilier du pont en le réduisant de nouveau.

Enfin, dupliquez de nouveau à plusieurs reprises pour couvrir chaque pilier du pont en adaptant la taille à chaque fois.

Ainsi, vous créez des taches lumineuses faisant ressortir les textures. Continuez la duplication sur d'autres parties.

Celui-ci en modifiant l'Expo à 0,98 :

Vous pouvez modifier les réglages à votre guise, puisque vous pouvez toujours revenir sur un des cercles, cliquer dessus et augmenter ou diminuer l'Exposition (ou autre réglage).

Je regarde un peu ce que cela donne en visionnant l'avant/après (petit rectangle noir et blanc).
Je décide de baisser un peu l'Exposition des piliers suivants :

- celui de la première image à 0,41 ;
- et celui de la seconde image à 0,64.

Puis j'ajoute de nouveau un Filtre radial, ici à 0,41 d'Exposition.

Voyez l'avant/après.

Fermez cet outil et continuez avec l'étape suivante.

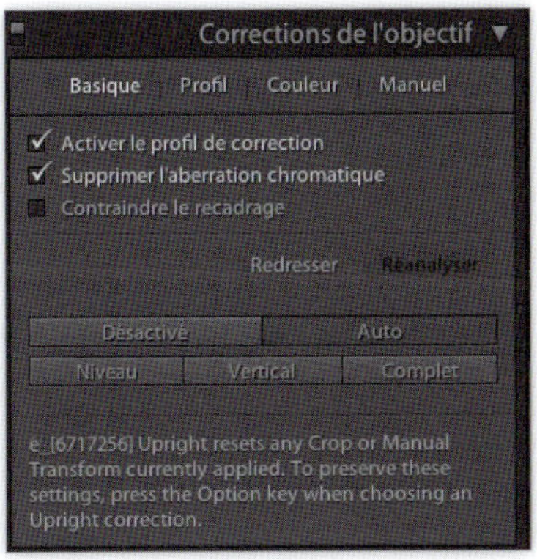

Étape 8 : Correction de l'objectif

Cliquez sur l'onglet Basique, cochez Activer le profil de correction et Supprimer l'aberration chromatique, et pour redresser légèrement les immeubles, cochez Auto pour le redressement. J'adore vraiment cette amélioration de Lightroom 5 qui permet de redresser les perspectives en un coup de souris.

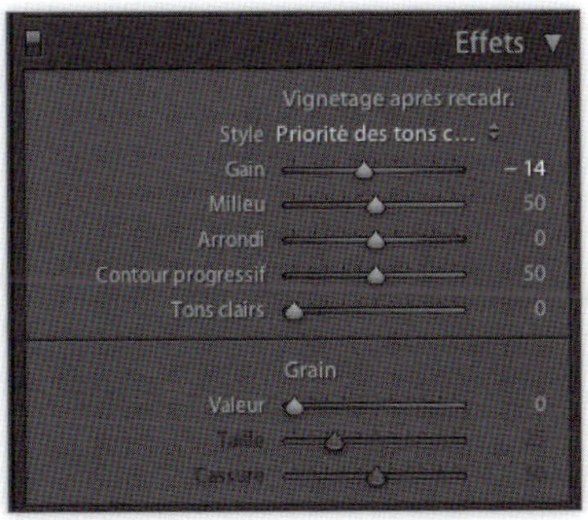

Étape 9 : Vignettage

Allez sur le panneau Effets et déplacez le curseur Gain à –14.

Étape 10 : Netteté

Allez sur le panneau Détails et réglez la Netteté à +90.

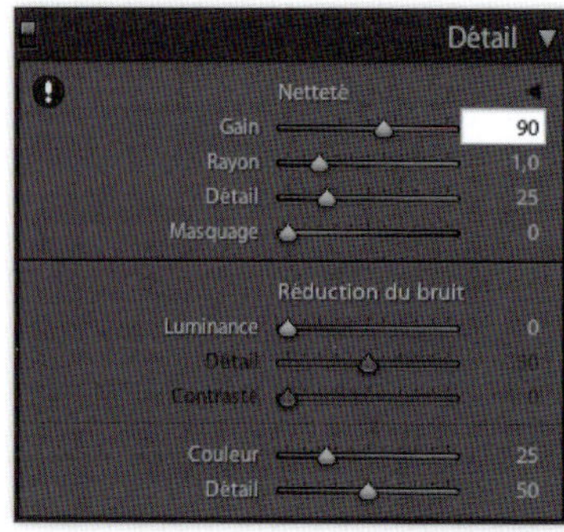

Si vous zoomez, vous allez voir qu'il y a beaucoup de bruit dans cette photo, mais je ne vais pas m'en occuper parce que le grain ne gêne pas dans le noir et blanc – au contraire, cela donne un petit côté « photo vieillie » et un aspect authentique à votre noir et blanc. Ce bruit rappelle les photos argentiques et cela s'imprime très bien.

Étape 11 : Recadrage

Cliquez sur l'icône de l'outil Recadrage et diminuez le ciel pour donner un aspect panoramique à la photo.

La retouche de cette photo est terminée !
Voyez l'avant/après général :

8

Le noir et blanc partiel

Dans ce chapitre, nous allons faire du noir et blanc partiel. Cela peut paraître un peu *kitsch* parfois, mais quand ça marche, ça marche. C'est très bien pour les photos de mariage, par exemple quand les mariés sont en noir et blanc avec un bouquet de roses rouges qui reste coloré.
Ici, nous allons travailler sur une photo des barques de Vincennes.

Étape 1 : Réglages de base

Réglez les Tons foncés à +100, les tons clairs à –100, les points blancs à +69, les points noirs à –12 et votre curseur Clarté à +38.

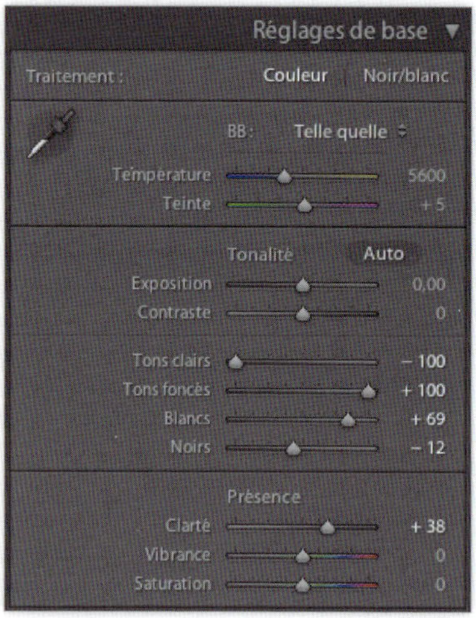

C'est une photo couleur assez correcte, mais elle fonctionne beaucoup mieux en noir et blanc partiel grâce à cette nature très verte et les barques colorées.

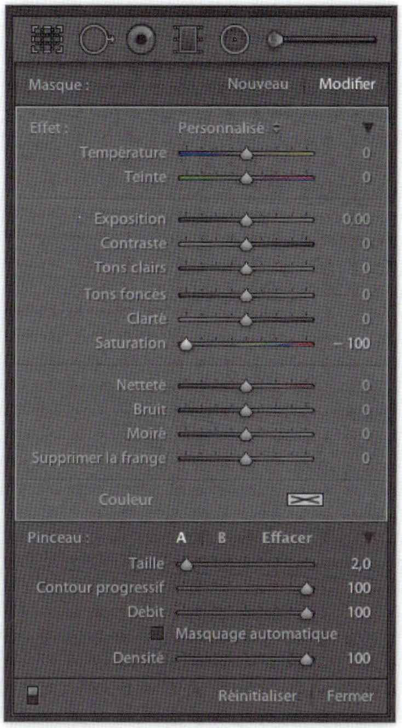

Étape 2 : Techniques de noir et blanc partiel

Nous allons voir deux manières d'atteindre ce résultat.

PREMIÈRE TECHNIQUE

Prenez l'outil Brosse et appuyez sur la touche Alt de votre clavier pour réinitialiser les réglages.
Faites glisser le curseur Saturation vers la gauche à –100. Ce réglage permet d'enlever les couleurs là où vous passez votre brosse.
Assurez-vous que le débit et la densité sont à +100.

Passez votre brosse sur toute la photo excepté sur les barques ; utilisez une grande brosse pour dégrossir le travail sans trop vous approcher des barques.

Zoomez en cliquant sur la photo, puis diminuez la taille de la brosse pour brosser les contours des barques.

Si vous dépassez sur une barque, maintenez la touche Alt enfoncée : votre brosse devient une gomme.

Relâchez-la et vous avez de nouveau votre brosse.
Remettez votre photo à la taille normale. Vous voyez un peu de jaune dans le bas des barques, passez-y la brosse ; ce qui nous intéresse est de garder les couleurs bleue et rouge et d'avoir le bas des barques en blanc.
Fermez l'outil Brosse.

DEUXIÈME TECHNIQUE

Cette technique est plus pratique et précise, car une bonne partie est faite en automatique par Lightroom. Effacez la précédente brosse pour retrouver les couleurs d'origine, pour cela cliquez sur la punaise et sur Entrée.

Allez sur le panneau TSL, puis cliquez sur le panneau Saturation.
Faites glisser tous les curseurs vers la gauche à –100 sauf le rouge et le bleu, puisque ce sont les deux couleurs que vous allez garder.
Faites glisser les curseurs rouge et bleu à +40 pour leur donner plus de punch.
Vous avez saturé le rouge et le bleu, et désaturé toutes les autres couleurs.

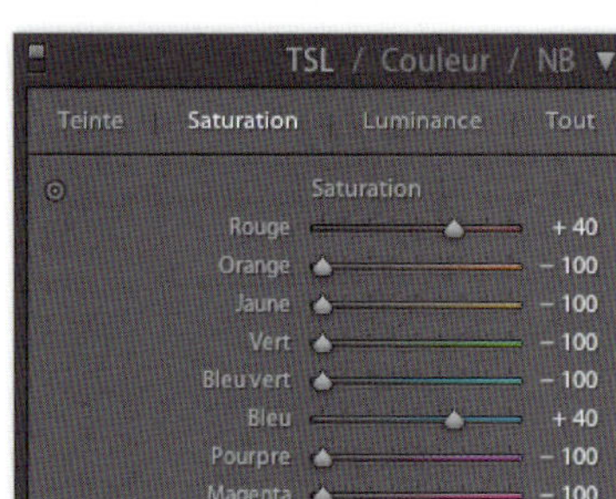

Le plus gros du travail est fait ; seules des parties du ciel et de l'eau restent bleues.
Pour y remédier, cliquez sur l'outil Brosse et passez-la sur les zones bleues du ciel et de l'eau (toujours avec la saturation à –100).
Un coup de brosse ne suffit pas, car on a augmenté la saturation de cette couleur.
Vous voyez qu'il reste un peu de bleu.

Cliquez sur Nouveau pour créer une nouvelle brosse et passez-la sur les mêmes zones (toujours avec la saturation à –100) ; vous obtenez vraiment un noir et blanc partiel.

ZORRO
DIANE
FELIX

ZORRO
DIANE
FELIX

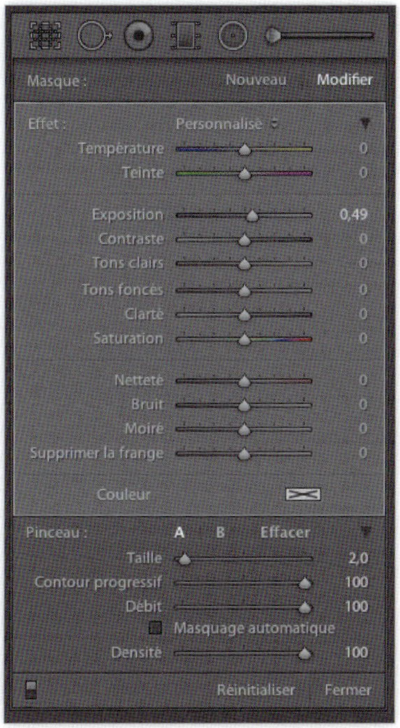

Étape 3 : Nouvelle brosse

Utilisons les techniques d'éclaircissement et d'assombrissement partiels de la lumière pour donner encore plus de beauté à cette scène champêtre.

Pour cela, prenez une nouvelle brosse et réinitialisez les réglages.

Déplacez le curseur Exposition à +0,49 pour éclaircir certaines parties de la photo.

Passez la brosse sur les reflets clairs de l'eau, et un peu sur les barques.

Étape 4 : Suppression des défauts

Cliquez sur l'onglet de l'outil Suppression des défauts, qui est une nouveauté de Lightroom 5.

Dans le haut du ciel, il y a des feuilles que je veux supprimer. Pour cela, peignez avec votre souris sur les feuilles de droite jusqu'à les recouvrir complètement, puis orientez le second cercle sur la zone que vous voulez qu'il duplique pour remplacer les feuilles. Miracle ! Les feuilles sont parties. Dans le passé, on pouvait seulement créer des cercles, mais l'outil a été grandement amélioré et on peut peindre ce que l'on veut. C'est absolument génial et cela permet de faire des retouches dans Lightroom sans avoir besoin d'aller dans Photoshop.

Faites de même pour les feuilles de gauche.

Les feuilles sont toutes effacées.

Maintenant, vous allez vérifier s'il y a des défauts de capteur en cochant Afficher les tons directs. Encore une nouvelle option bien pratique pour voir les taches de capteur qui sont invisibles à l'œil nu.

Il m'est arrivé plusieurs fois de faire de grands tirages très coûteux et de m'apercevoir que j'avais omis d'effacer une tache de capteur. Donc cette option peut paraître légère, mais elle est vitale !

Enlevez la tache de capteur au milieu de la photo. À présent, tous les défauts sont effacés.

Fermez l'outil Suppression des défauts.

Étape 5 : Corrections de l'objectif

Cliquez sur l'onglet Basique.
Cochez Activer le profil de correction. Cela éclaircit beaucoup les contours de la photo, mais nous y remédierons ensuite avec le vignettage. En effet, ce type de correction semble ne rien faire d'autre que d'éclaircir les contours, mais corrige en réalité d'autres petits défauts de la photo, généralement un effet de barillet un peu léger, surtout quand la photo a été prise au grand angle.

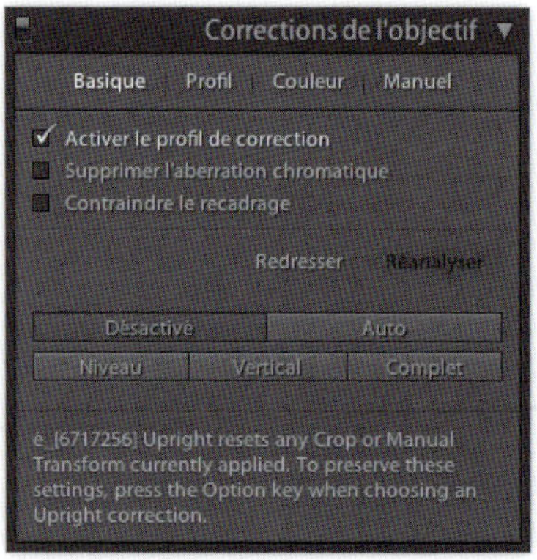

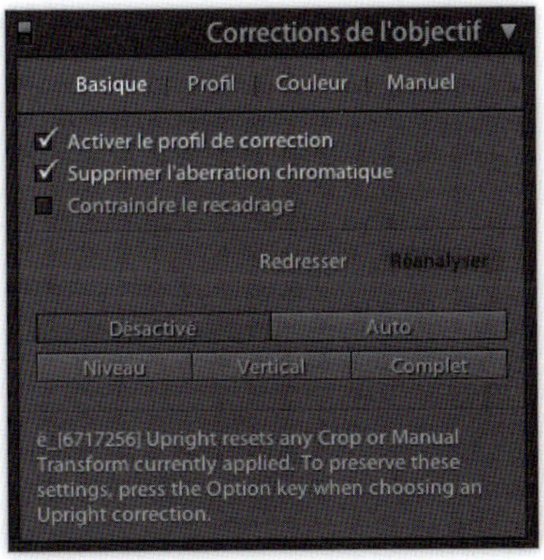

Cochez Supprimer l'aberration chromatique. Comme expliqué auparavant, cela garantit d'atténuer des petits lisérés rouges ou bleus cachés dans la photo. Pour être franc, je le fais systématiquement dans mes photos.

Pas besoin de redresser cette photo, alors passons à l'étape suivante.

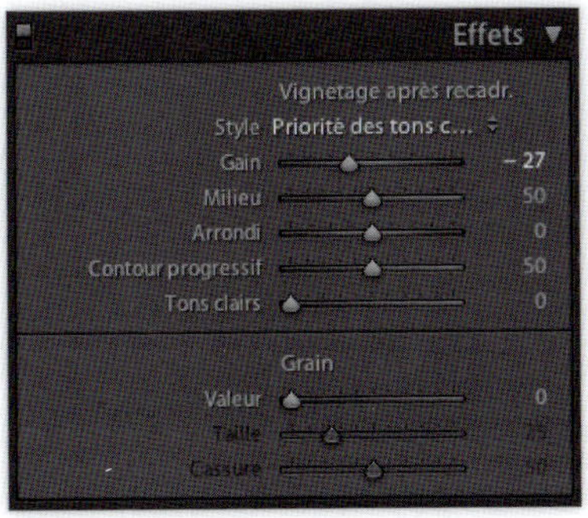

Étape 6 : Vignettage

Allez sur le panneau Effets et déplacez le curseur Gain à –27 pour ramener le vignettage sur le pourtour de la photo que nous avions enlevé à l'étape précédente.

Nous avons terminé pour cette photo ! Voyez l'avant/après en appuyant sur les touches Shift+S (Maj+S).

9

Retouche de portrait

Nous voici au Chapitre 9, la retouche de portrait. Petit avertissement : ce que l'on peut faire avec Lightroom 5 pour la retouche de portrait est très limité… mais cela peut dépanner. Je vais vous donner quelques astuces qui vous aideront si vous n'avez pas Photoshop ou si vous ne voulez pas l'utiliser parce que vous voulez juste faire de petites retouches.

Étape 1 : Réglages de base

La formule que j'applique habituellement pour les tons foncés (+100) et les tons clairs (–100) n'est pas du tout appropriée pour un portrait.

Réglez les Tons foncés à +25 pour atténuer un peu les ombres ; ne touchez pas aux Tons clairs, sinon les défauts ressortiront encore plus. Mettez les points blancs à +22 pour éclaircir un peu la photo et les points noirs à –9 pour créer un peu de contraste.

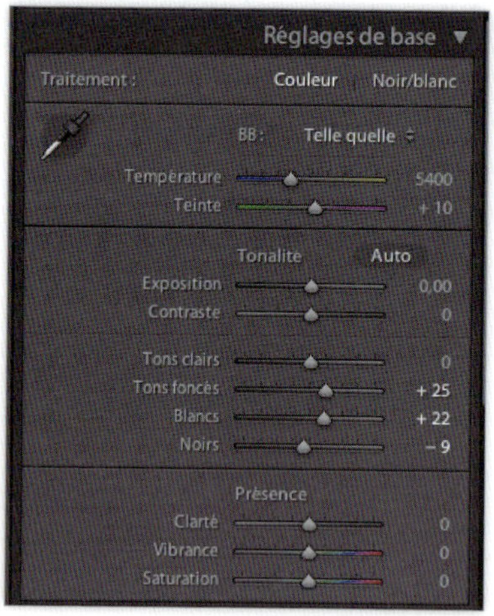

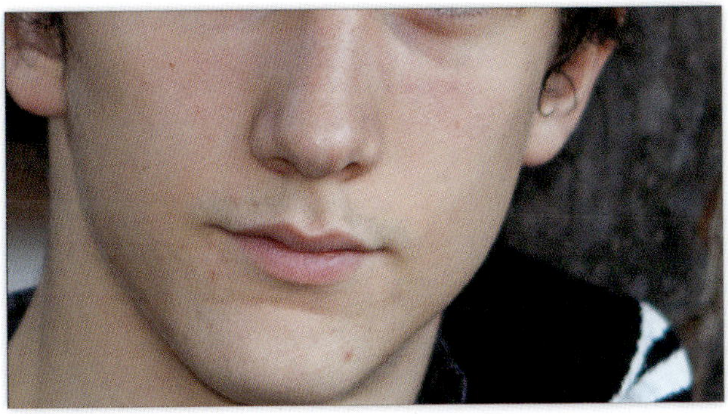

Étape 2 : Réduction du bruit

Maintenant, occupons-nous de sa peau. Si vous zoomez sur la photo, vous voyez un peu de grain, que nous allons éliminer avec la réduction de bruit. Déplacez le curseur Luminance à +51. Cela floute aussi un petit peu la peau, ce qui est un plus : bien que ce jeune homme ait un physique sympathique, nos appareils photo sont tellement puissants qu'ils ont tendance à faire ressortir tous les défauts de la peau et à augmenter notre budget d'achat de crèmes de soin !

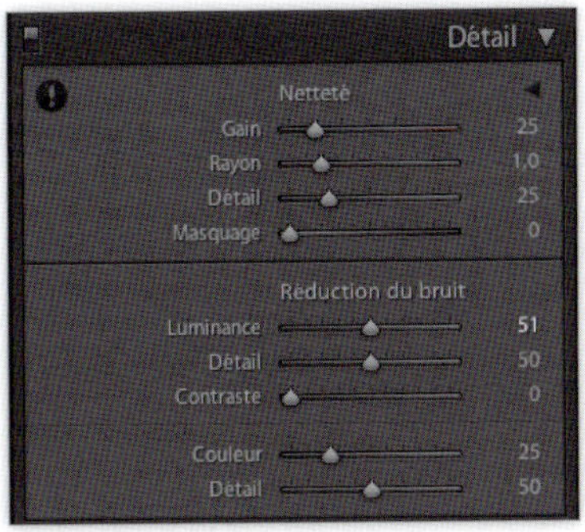

Voyez la différence.
Gardez le zoom pour l'étape suivante.

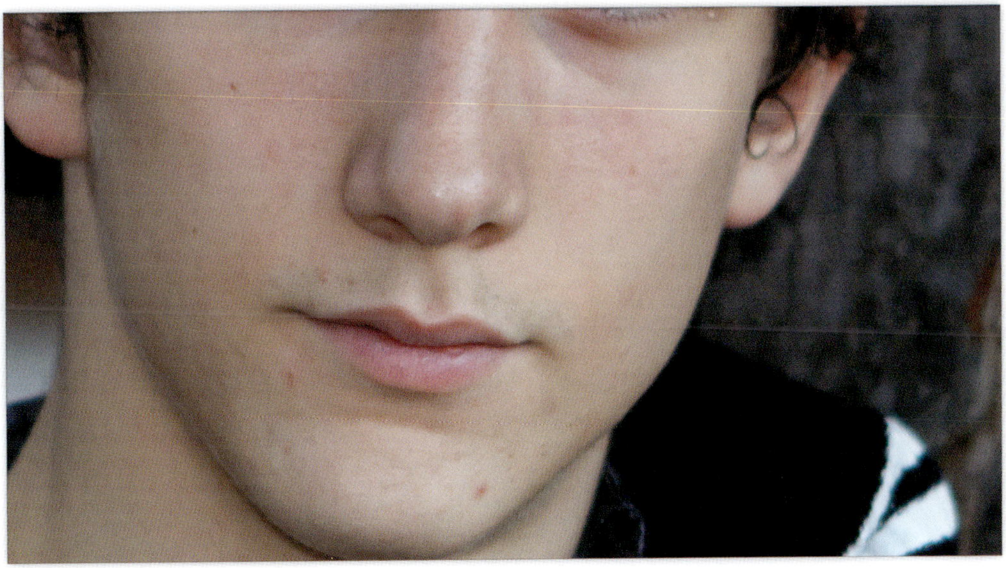

Étape 3 : Suppression des défauts

Cliquez sur l'onglet de l'outil Suppression des défauts pour enlever les imperfections de la peau.

ASTUCE

Pour vous déplacer sur la photo, cliquez sur la barre d'espace : votre souris se transforme en main et vous permet de positionner l'image comme vous le souhaitez.
Cliquez sur une imperfection telle qu'un bouton et Lightroom va la remplacer par de la peau nette ; cliquez ensuite sur Entrée.

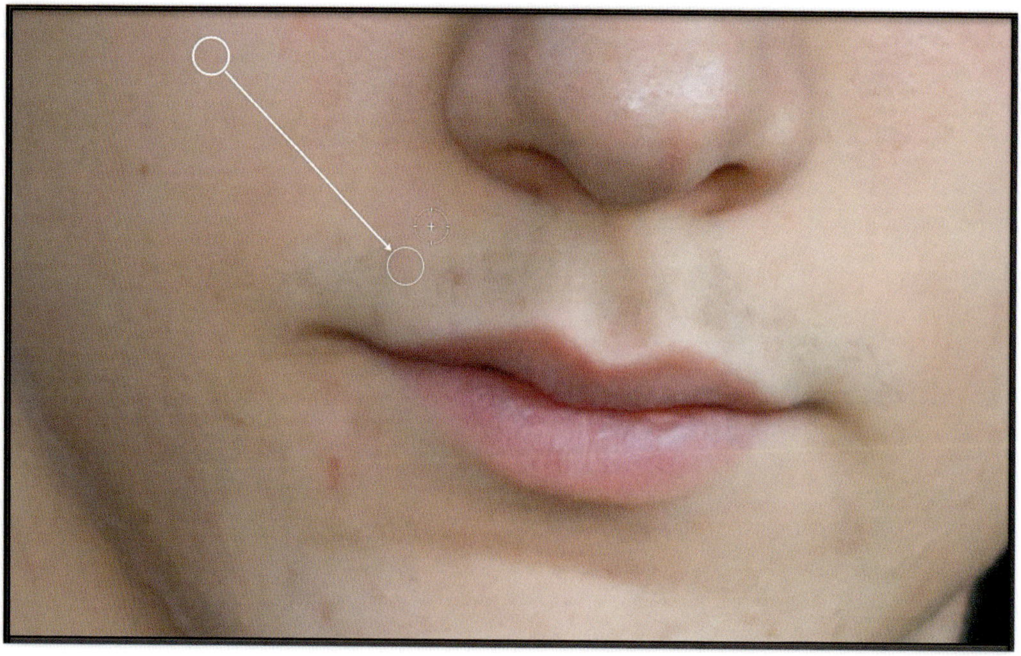

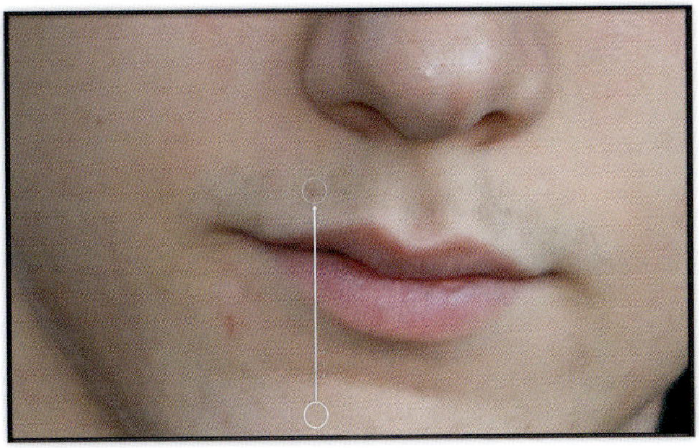

Faites de même pour les autres imperfections. C'est du Biactol très efficace, si seulement cela fonctionnait ainsi dans la vraie vie, j'aurais passé une adolescence plus facile ☺ !

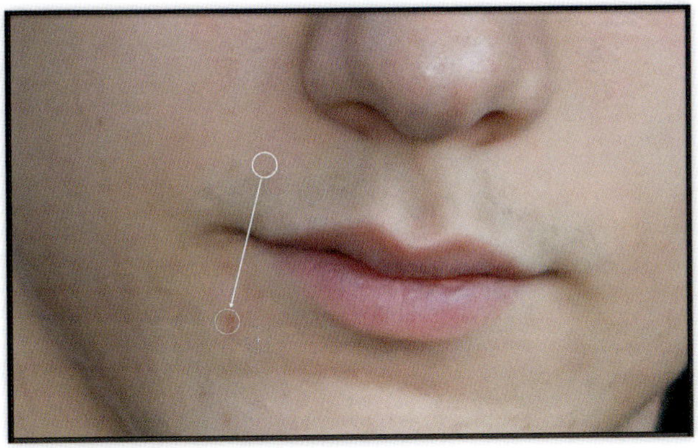

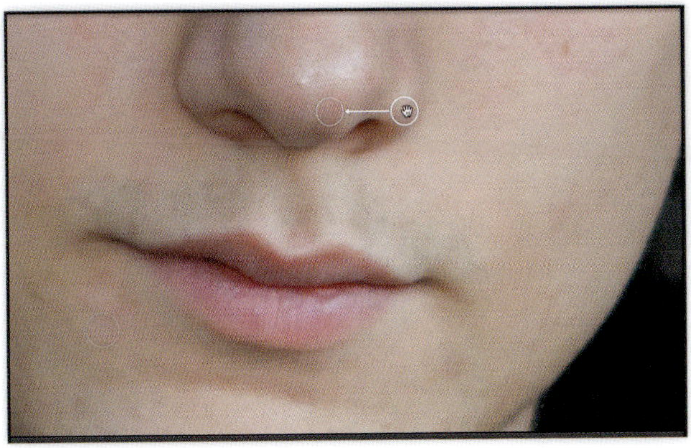

Cet outil a été nettement amélioré avec Lightroom 5. Vous pouvez maintenant peindre sur une imperfection. Essayez simplement de toujours faire en sorte que votre brosse soit un peu plus grosse que l'imperfection, mais pas beaucoup. Sinon, vous risquez de faire des cicatrices. Et là, vous n'allez pas faire des heureux !
Nous avons enlevé certaines imperfections, mais il reste des rougeurs ; nous allons y remédier avec l'outil Brosse.
Fermez l'outil Suppression des défauts.

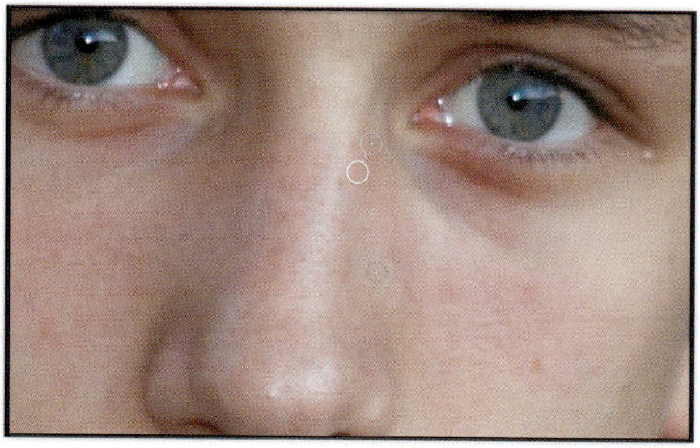

Étape 4 : Brosse pour la peau

Cliquez sur l'outil Brosse, réinitialisez les réglages.

Pour lisser la peau, réglez la Clarté à –63 et brossez délicatement tout le visage. Évitez les lèvres, le nez, les oreilles, les sourcils et les yeux.

C'est loin d'être le résultat professionnel que vous pourriez obtenir avec Photoshop, mais ça dépanne.

N'oubliez pas de passer la brosse sur le cou et la main.

Cela fait une sacrée différence si vous regardez l'avant/après ! Ce qui est pratique avec la retouche non destructive, c'est que vous pouvez diminuer ou augmenter le réglage de la clarté selon vos goûts.

Maintenant, nous allons profiter de cette brosse que nous avons passée un peu partout sur la peau pour atténuer les rougeurs en réglant la Saturation à –20.

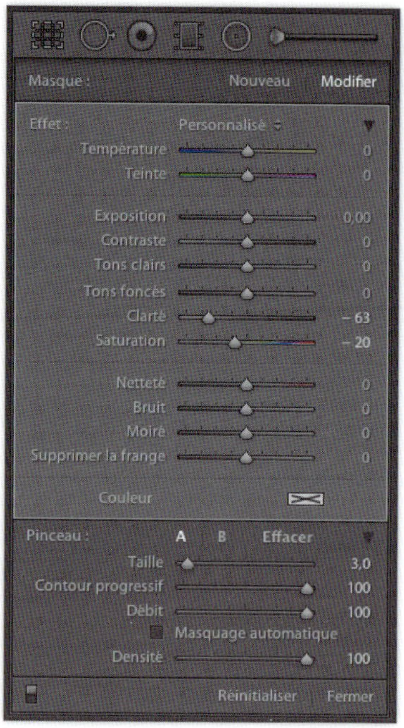

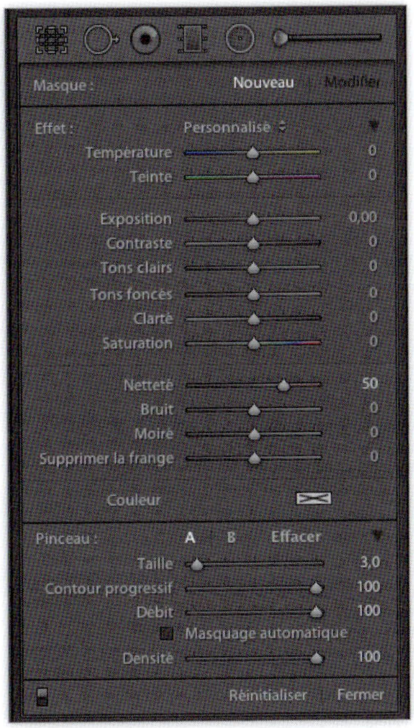

Étape 5 : Brosse de netteté pour les yeux

Cliquez sur Nouveau pour créer une nouvelle brosse et réinitialisez les réglages.

Nous allons faire l'inverse de la précédente brosse en créant de la netteté positive pour les yeux. Réglez le curseur Netteté à +50.

Zoomez sur les yeux et brossez l'iris, les cils et les sourcils pour intensifier le regard.

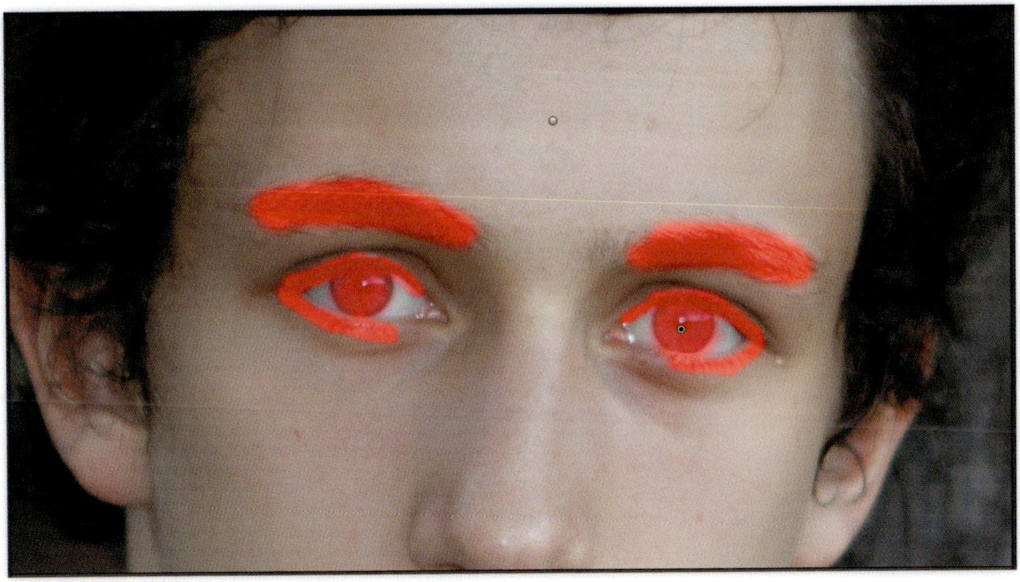

Étape 6 : Brosse pour éclaircir le bas de l'iris

Cliquez sur Nouveau pour créer une nouvelle brosse et réinitialisez les réglages.
Réglez l'Exposition à 0,49, diminuez la taille de votre brosse et passez-la dans le bas de l'iris. Trop va lui donner un look d'extraterrestre – pourquoi pas, mais bon, on essaye de donner un look naturel. À nouveau, c'est vous qui déterminez la valeur selon votre goût.

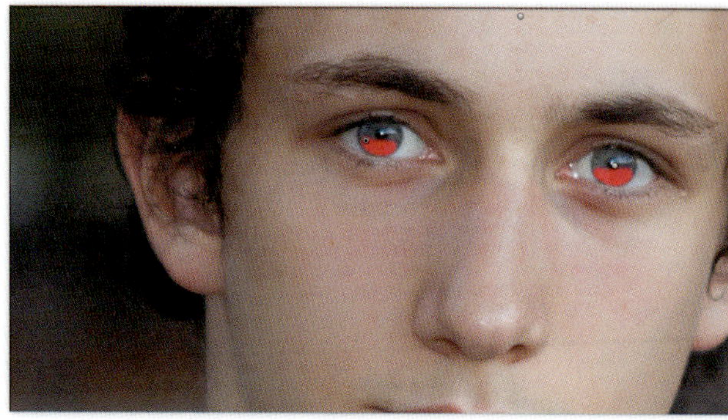

Dézoomez : vous voyez que cela donne plus d'éclat à son regard.
Voyez l'avant/après les coups de brosse en cliquant sur le carré dans le bas à gauche du panneau de l'outil Brosse.

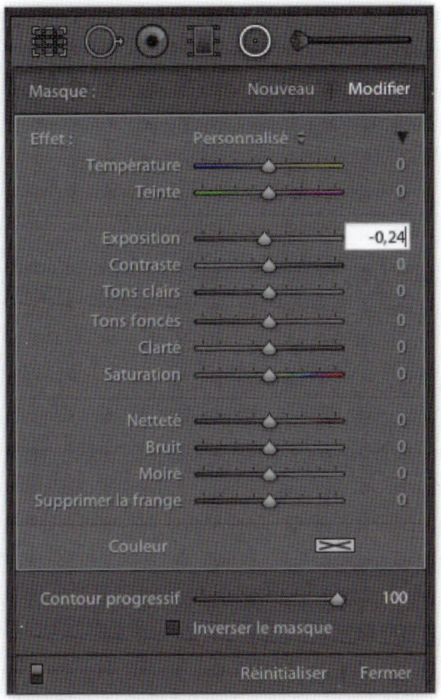

Étape 7 : Filtre radial

Cliquez sur l'outil Filtre radial, appliquez-le sur le visage en déplaçant les flèches et fixez l'Exposition à –0,24 ; cela va foncer tout ce qui est en dehors du cercle et mettre l'accent sur le visage.

Fermez l'outil Filtre radial.

On a retouché un portrait de façon sympathique en utilisant principalement les brosses. Cela ne prend que quelques minutes. Je l'utilise souvent quand je dois travailler très vite. Cela donne ce petit plus qui fait toute la différence !

IMPRIMÉ EN ESPAGNE

Imprimé par **GraphyCems**
31132 Villatuerta (Espagne)

Suivant sa politique de développement,
amélioration continue, qualité et gestion de l'environnement,
GraphyCems possède les certifications **ISO 9001**,
ISO 14001 et **FSC** (Forecast Stewardship Council).